KRISE UND EINKOMMEN

VON

DR. VICTOR BLOCH
WIEN

MIT 13 ABBILDUNGEN

WIEN
VERLAG VON JULIUS SPRINGER
1932

ISBN-13: 978-3-7091-9569-7 e-ISBN-13: 978-3-7091-9816-2
DOI: 10.1007/ 978-3-7091-9816-2

Reprint of the original edition

Inhaltsverzeichnis

Vorbemerkung

„*By the aid of static theory, we can begin to make dynamic studies; and the first step is to examine each one of these changes separately, in order to see, first, how it causes actual values, wages and interest to differ from static standards and, secondly, how it causes the standards themselves to change.*“

CLARK, *The Distribution of Wealth, London* 1923. (*S.* 404).

„*Dynamic theory has to account for the whole of that friction on which eutrepreneurs' shares depend.*“ (*S.* 410.)

Die Anregung zu dem Versuche, die Wirkungen der Krise auf die Einkommensverteilung einer besonderen Untersuchung zu unterziehen, wurde durch Beobachtungen gegeben, die sich bei einem Vergleich der von den Regierungen in Deutschland und Österreich während des Jahres 1931 gehandhabten Wirtschaftspolitik aufdrängten.

Die am 9. Dezember 1931 veröffentlichte „vierte Notverordnung zur Sicherung von Wirtschaft und Finanzen und zum Schutze des inneren Friedens“ war nur der vorläufige Abschluß einer von der Reichsregierung seit längerer Zeit planmäßig geübten Politik, welche auf Senkung des gesamten Preis- und Lohnniveaus gerichtet war. Die Regierung befand sich dabei in Übereinstimmung mit den führenden deutschen Nationalökonomen, deren Meinungen, soweit sie auch auf anderen Gebieten auseinandergehen mochten und mögen, in jener Ansicht doch vollkommen übereinstimmten, der LEDERER[1] mit den lapidaren Worten Ausdruck gegeben hat: „Die Balance kann nur durch Preissenkungen, sei es auch mit Verlusten, herbeigeführt werden.“ Demgegenüber ist in Österreich nichts für die Preissenkung getan worden. Wohl hat schon die große Wirtschaftskonferenz, die in der ersten Hälfte des Jahres 1930 abgehalten wurde, die Höhe der Produktionskosten als relevante Ursache der schon damals schmerzlichst fühlbaren Krise bezeichnet. Aber die Aussichten, welche die Regierung auf Senkung der Löhne, Steuerlasten und sozialen

[1] Wege aus der Krise, Tübingen 1931, S. 18.

Abgaben eröffnet hatte, wurden niemals realisiert. Im Gegenteil, ein Teil dieser Lasten wurde seitdem ständig vermehrt, die meisten Tarife erhöht und nichts getan, um eine Lohnsenkung zu ermöglichen. Ferner wurde durch Schutzzölle, Einfuhrkontingente und -verbote und durch eine ganze Anzahl von interventionistischen Eingriffen dem Sinken gewisser Preise im Gegensatz zur mondialen Bewegung systematisch entgegengearbeitet.[1] Erst die drückendste Not der öffentlichen Finanzen veranlaßte die Regierung, eine Minderung ihrer eigenen Personallasten durchzukämpfen, während für die schwer leidende private Wirtschaft nichts geschah.

Die Verschiedenheit der Entwicklung in Deutschland und Österreich, besonders im Jahre 1931, zeigen die beiden Diagramme (Abb. 1 und 2).[2]

Die Motive der deutschen Preissenkungsaktion waren überwiegend währungspolitischer Natur. Durch Senkung der Produktionskosten im Deutschen Reiche sollte ein Gefälle der Kaufkraftparitäten hervorgerufen werden, das einen entsprechenden Abfluß von Gütern nach dem Auslande, d. h. eine verstärkte Aktivierung der Handelsbilanz und die Möglichkeit der Aufrechterhaltung des Schuldendienstes im unbedingt erforderlichen Mindestausmaß gewährleisten sollte.

Die Reichsregierung hat aber neben diesen valutapolitischen Zielen auch solche sozialer Natur verfolgt. Sie war darüber im klaren, daß die Disproportionalitäten der Preisentwicklung einzelnen Bevölkerungsschichten, insbesondere der Produktion höherer Ordnung, schwere Lasten auferlegte, so daß die Betriebe unrentabel, ja verlustbringend

---

[1] Die Entwicklung der Preise während des bisherigen Krisenverlaufes war in den wichtigsten Handelsstaaten die folgende:

	Lebenshaltungskosten (Oktober 1929 = 100)				Großhandelsindices (Oktober 1929 = 100)			
	Deutschland	England	Frankreich	U. S. A.	Deutschland	England	Frankreich	U. S. A.
Okt. 1929....	100,0	100,0	100,0	100,0	100,0	100,0	100,0	100,0
Dez. 1929....	99,4	99,4	100,3	98,1	97,8	97,3	97,6	97,8
März 1930....	96,8	94,0	96,5	93,1	92,1	91,4	93,8	94,2
Juni 1930....	96,1	92,8	96,8	91,9	90,7	88,6	90,3	90,1
Sept. 1930....	95,7	93,4	104,1	90,6	89,5	84,8	88,8	87,4
Dez. 1930....	92,2	91,6	106,0	85,0	85,8	80,0	82,7	81,4
März 1931....	89,7	88,0	105,7	78,2	83,0	77,8	81,7	77,3
Juni 1931....	89,7	88,0	103,2	73,2	81,8	75,8	79,2	72,6
Sept. 1931....	87,3	86,8	96,1	73,9	79,1	72,8	72,5	71,7
Dez. 1931....	84,9	88,0	91,0	70,8	75,5	77,1	68,6	70,6

[2] In der zweiten Hälfte des Septembers 1931 wurde die Devisenzwangswirtschaft in Österreich eingeführt, welche bald ein Disagio des Schilling gegenüber der Reichsmark von 25% zur Folge hatte. Die zu diesem Termine einsetzende Preissteigerung im Großhandel ist in entsprechendem Ausmaße auf Rechnung der Währungsverschlechterung zu setzen. Immerhin wurde mit der deutschen Preissenkung bei weitem nicht Schritt gehalten.

wurden. In seiner Rundfunkrede zur vierten Notverordnung sagte Reichsfinanzminister Dr. DIETRICH: „Es hat sich in dieser Zeit der Deflationswirkungen gezeigt, daß unsere Betriebe unwirtschaftlich und unrentabel wurden..... Auf die Dauer kann aber eine Wirtschaft mit unrentablen

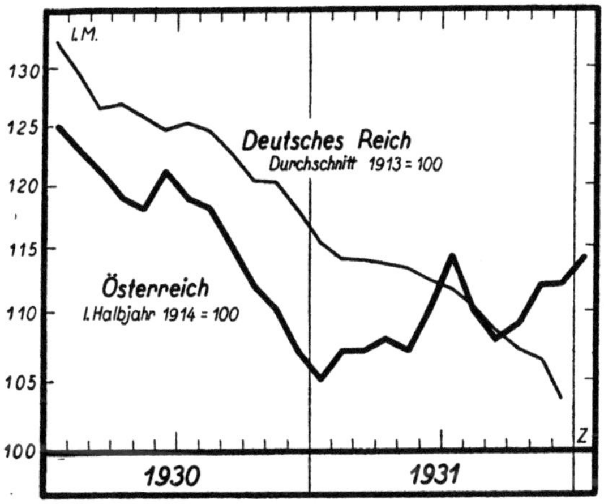

Abb. 1. Indices der Großhandelspreise

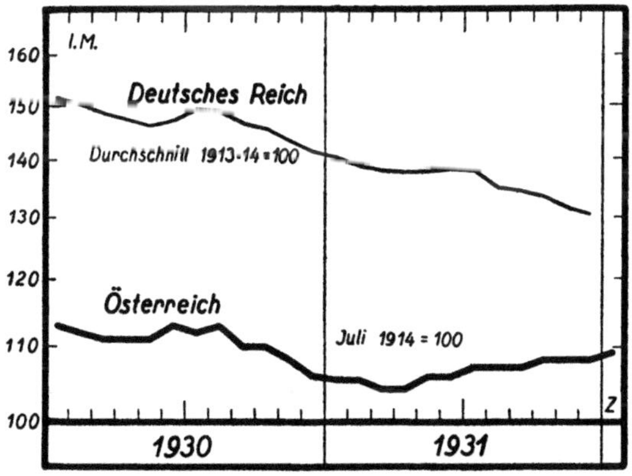

Abb. 2. Indices der Lebenshaltungskosten

Betrieben nicht bestehen. Die ständige große Sorge der Reichsregierung war deshalb, die Selbstkosten der Wirtschaft so weit zu senken, daß sie wieder rentabel würde.“ Noch schärfer drückte sich Reichsarbeitsminister Dr. STEGERWALD in einer Rede aus, die er am 8. Dezember 1931 in einer Massenversammlung der Zentrumspartei in Münster hielt: „Auch unsere Privatwirtschaft ist gegenwärtig ein einziges großes Durcheinander, in das wieder Ordnung gebracht werden muß..... Heute erfolgt vielfach die Ausplünderung der einen Gruppe durch die andere, ja selbst verwandte Gruppen plündern sich untereinander aus.“ Mit dieser drastischen Ausdrucksweise sollte darauf hingewiesen werden, daß die Unregelmäßigkeiten der Preisgestaltung manchen Erwerbsgruppen große Verluste, anderen erhebliche Gewinne bereiten.

Die *theoretische* Untersuchung der Einkommensverschiebungen, welche sich als Folgen der Disproportionalität und Asynchronität der Preisbewegungen in einer Konjunkturkrise ergeben, ist die Aufgabe, welche sich die nachfolgende Studie gestellt hat. Das streng abgegrenzte Gebiet, das durch dieses Programm vorgezeichnet ist, möge als Entschuldigung dafür dienen, daß viele Probleme, die mit den untersuchten nicht in ganz unmittelbarem Kausalzusammenhang stehen, nur gestreift oder unberücksichtigt gelassen wurden.

I. Begriffskatalog

1. Die nachfolgende Untersuchung hat sich weder zur Aufgabe gesetzt, dem Problem der Entstehung von Konjunkturzyklen nachzugehen, noch will sie deren Ablauf in seinen drei charakteristischen Phasen: Aufschwung, Krise und Stagnation, analysieren. Zum Gegenstande der Untersuchung ist nur ein kleiner Ausschnitt aus der großen Mannigfaltigkeit der ökonomischen und sozialen Phänomene, welche für die Wechsellagen charakteristisch sind, gewählt worden, nämlich *Einkommensverschiebungen*, welche sich während des *Abstieges* ergeben. Die Gründe, warum gerade diesen Erscheinungen besondere Aufmerksamkeit geschenkt wurde, sind nicht schwer zu erraten. Die Veränderungen des Einkommens weiter Bevölkerungsschichten, welche durch Krisen herbeigeführt werden, sind es ja, welche durch ihre schmerzhafte Fühlbarkeit die Aufmerksamkeit besonders auf die geschäftlichen Wechsellagen gelenkt haben, und diesem überwiegend soziologischen Interesse ist es wohl zuzuschreiben, daß die theoretische Nationalökonomie heute bereits über einen ziemlich reichen Fonds von Erkenntnissen über diese Phänomene verfügt, deren systematische Zusammenfassung wir Konjunkturtheorie und im engeren Sinne Krisentheorie nennen. Es liegt eben in der menschlichen Natur, daß nicht nur das Augenmerk des Alltags, sondern auch die wissenschaftliche Forschung sich in erster Linie jenen Erscheinungen zuwendet, die Leiden verursachen; auf dem Wege des Studiums der Erscheinungen hofft man zur Ergründung ihrer Ursachen zu gelangen und dadurch auch zur Erkenntnis der Mittel, durch welche sie beseitigt werden können. Es ist somit erklärlich, daß jener spezifische Zustand der Wirtschaft, den wir als *Krise* zu bezeichnen pflegen, von jeher das

Augenmerk der Forschung mehr auf sich gelenkt hat als die vorhergehende Epoche des Aufschwunges und die nachfolgende Periode der Stagnation. Es ist weiter begreiflich, daß von den charakteristischen Kriterien der Krise die *Einkommensverschiebungen* sich der Forschung als besonders augenfälliges und bedeutungsvolles Phänomen aufdrängen mußten. Mit Rücksicht auf die bereits erwähnte Einseitigkeit des menschlichen Intellekts, sich zunächst dem Studium solcher Phänomene zuzuwenden, die unangenehm empfunden werden, kann man verstehen, daß die Krise bei oberflächlicher Betrachtung nur das Bild einer mehr oder minder allgemeinen Reduktion der Einkommen bietet und daß der nicht sehr sorgfältige Beobachter den Eindruck gewinnt, als ob nicht auch Einkommens*vermehrungen* zu den charakteristischen Merkmalen der Krisenperioden gehörten. Dem ist aber nicht so. In jeder Phase der Krise gibt es neben Einkommensminderungen, welche allgemein diskutiert und als das Charakteristikum der Krise bezeichnet werden, auch erhebliche Einkommensvermehrungen, über die allerdings in der Regel wenig oder nichts gesprochen und geschrieben wird. Beide Arten von Einkommensverschiebungen sollen aber hier als korrelate Erscheinungen der gleichen Prüfung unterzogen werden, ihre Bestimmungsgründe, ihr Entstehen und Verschwinden und ihre ökonomische und soziale Auswirkung bilden Gegenstand dieser Studie.

Es sei zunächst festgestellt, daß unter „Einkommen" hier naturgemäß Realeinkommen und nicht Geldeinkommen gemeint sind. Dies ist leicht verständlich, da das charakteristische Merkmal der Krise in einem zwar nicht gleichmäßigen und synchronischen, aber doch *allgemeinen* Niedergang der Preise besteht. Es werden also, von gewissen Sonderfällen abgesehen, die *Geldeinkommen* aller Wirtschaftenden in den verschiedenen Stadien der Krise im allgemeinen eine sinkende Tendenz aufweisen. Die erwähnten Sonderfälle — wie etwa erhöhte Einnahmen der Notare infolge von Wechselprotesten, der Rechtsanwälte durch Insolvenzkausen in Zeiten wirtschaftlicher Krise usw. — können als belanglose Ausnahmen betrachtet werden. Die Verschiebungen im Realeinkommen, welche auf den krisenhaften Zustand der Wirtschaft zurückzuführen sind, sind, wie bereits erwähnt, zugunsten oder zuungunsten der Einkommensempfänger. Wir wollen sie als Renten bezeichnen, welche mit positivem oder negativem Vorzeichen versehen sind; und zwar sind es im Wesen *Differentialrenten, die durch die Asynchronität der Preisverschiebungen auf den verschiedenen Märkten gebildet werden, auf welchen die einzelnen Wirtschaftssubjekte* und — infolge der klassen- und berufsmäßigen Gruppierung der Menschen in der Verkehrswirtschaft — die einzelnen Bevölkerungsklassen *einerseits als Käufer, anderseits als Verkäufer tätig sind.* Dies wird im folgenden des näheren ausgeführt und mit Daten belegt werden.

Eine analoge Bildung von Differentialrenten erfolgt naturgemäß auch in der Periode des Aufschwunges, weshalb man sie ganz allgemein als *Konjunkturrenten*, in dem Sonderfalle der Krise als *Krisenrenten* bezeichnen kann. Es sei aber schon hier bemerkt, daß die Bildung und das Aufrechtbleiben dieser Renten an den Ablauf der Konjunkturphase gebunden ist. Ist diese zu Ende und die Wirtschaft in die kürzere oder längere Periode der Stagnation übergegangen, dann sind auch diese Renten verschwunden. Mögen noch so große Einkommensverschiebungen[1] gegenüber der Zeit vor Beginn des Konjunkturzyklus oder vor Beginn der Krise als Niederschlag verbleiben, so sind diese in dem Augenblick, in dem die Krise liquidiert ist, Folgen jener *dauernden* Veränderungen, welche der Konjunkturablauf der Wirtschaft aufgeprägt hat. Sie sind aber nicht mehr Differentialrenten. Leute, die durch die Konjunktur reich geworden sind und ihr Vermögen und Einkommen erhalten konnten, oder solche, die in der Krise verarmt sind, sind nicht Träger von Differentialrenten. Die Veränderungen ihrer Einkommensverhältnisse durch Aufschwung oder Krise sind als historisches Faktum zu werten.

Ergänzend sei bemerkt, daß die Aufzählung der Einkommensverluste, welche die Krise der Wirtschaft zufügt, mit den negativen Differentialrenten und dauernden Kapitalsverlusten noch nicht beendet ist. Diese beiden Einkommensverminderungen beeinträchtigen naturgemäß die Kaufkraft der durch sie betroffenen Wirtschaftssubjekte, wodurch wieder die Rentabilität jener Produktionszweige beeinflußt wird, welche die Träger der verminderten Einkommen mit Gütern und Leistungen beliefern. In den Kreisen dieser Produzenten entstehen daher neuerlich Einkommensverminderungen und Kapitalsverluste, auch ihre Kaufkraft wird vermindert; so setzt sich dieser Prozeß mit vervielfachter Wirkung fort, bis die Preisverschiebung sämtliche Märkte gleichmäßig erfaßt, bzw. bis sich die Produktion der verringerten Kaufkraft angepaßt hat. Es ist aber nicht ausgeschlossen, daß exogene Kräfte noch vor Beendigung dieses Ablaufes eine neue Konjunkturwelle auslösen, welche diese Entwicklung vorzeitig abbricht oder gar in das Gegenteil verkehrt.

Es sind demnach drei Kategorien von Krisenverlusten zu unterscheiden:

---

[1] Die Vermögensverluste (Dekapitalisationen) sind unter dem Gesichtspunkte der Theorie nicht als eine neben den Einkommensverlusten auftretende Sondererscheinung zu betrachten. Mit Recht sagt FISHER über die verschiedenen Inhalte des Kapitalbegriffes: „Capital in any of these senses stands for anticipated income.“ (The nature of Capital and Income, 1912, S. 328.) Es kommt allerdings häufig vor, daß Kapitalsverluste infolge der Krise endgültiger Natur sind, während die negative Krisenrente, durch welche sie verursacht werden und deren Kapitalisierung sie bilden, nur vorübergehend sein müßte. Das betroffene Subjekt kann die Besserung der Verhältnisse eben nicht auswarten.

1. negative Differentialrenten, die aus der Asynchronität der Preissenkungen auf den verschiedenen Märkten entstehen (Lag-Phänomen);

2. Entwertung von Vermögensbeständen, welche sich aus Gütern oder Rechten zusammensetzen, die zukünftiges Einkommen zum Inhalt haben;

3. Verluste durch Schrumpfung der Wirtschaft in der Krise.

Die Analyse wird sich zunächst auf die erste Kategorie beschränken, während der Zusammenhang mit den beiden anderen erst beim Abschluß der Untersuchung erörtert werden wird.

2. Die Verteilung des sozialen Einkommens in der kapitalistischen Wirtschaft wird durch die Preise reguliert. Jedes Wirtschaftssubjekt ist *teils als Käufer, teils als Verkäufer* von Gütern und Leistungen in der Wirtschaft tätig, sein Nominaleinkommen hängt von der Menge der Güter und Leistungen ab, die es auf den Markt bringen und absetzen kann und von deren Geldpreisen, sein Realeinkommen aber auch von den Geldpreisen der Güter und Leistungen, die es auf dem Markte kauft. Es gibt indessen nicht nur *einen* Markt, sondern *viele* verschiedene *Märkte*,[1] und jedes Individuum ist direkt oder indirekt auf *einer ganzen Reihe von solchen* tätig. Wenn überhaupt keine Preisveränderungen vorkämen, wie dies in einer gedachten stationären Wirtschaft der Fall wäre, würden Geld- und Realeinkommen aller Wirtschaftssubjekte sich nicht verändern. Wenn eine allgemeine Veränderung der Preise nach aufwärts

---

[1] Der Begriff des Marktes bedarf einer näheren Definition. In einem Sinne, der hier nicht in Betracht kommt, versteht man darunter die organisatorische Vorkehrung für die erleichterte und gehäufte Vornahme von Tauschakten. So definiert PANTLEN (Handwörterbuch der Staatswissenschaften, IV. Aufl., Bd. VI., S. 481): „Markt ist die regelmäßige Verbindung zwischen Käufer und Verkäufer zum Ausgleich von Angebot und Nachfrage.“ In seiner eigentlichen ökonomischen Bedeutung ist ein Markt eine abstraktionsmäßige Zusammenfassung einer größeren Anzahl von Täuschen (Käufen und Verkäufen), welche durch Gemeinsamkeit der handelnden Subjekte oder der Ware, durch örtliche oder zeitliche Einheit begrifflich geeint werden. Man spricht daher von Großhandel, Metallmarkt, von der Wiener Börse, von der Frühjahrsmesse usw. Im Begriffe des Marktes ist in der Regel ein antithetischer Unterton enthalten, durch den die einzelne Partei „dem Markte“, d. h. allen anderen Parteien, oder ein Lokalmarkt einem oder mehreren anderen oder dem Weltmarkt, der Großhandel dem Kleinhandel usw. gegenübergestellt wird.

In dieser Untersuchung verstehen wir unter einem Markt stets einen solchen, der durch bestimmte Einordnung seiner Parteien in den Produktions- oder Konsumtionsprozeß, ferner durch die auf ihm gehandelten Güter und Leistungen, schließlich chronologisch durch Annahme einer bestimmten Etappe des Krisenablaufes determiniert ist.

Man vergleiche JEVONS „Definition of Market“ in „The theory of political economy“ London., IV. Aufl., S. 84ff.

oder nach abwärts in der Aufschwungs- oder Krisenperiode stattfindet, welch letztere das spezielle Objekt unserer Analyse ist, so werden die Geldeinkommen aller Glieder der Wirtschaft sich in entsprechendem Sinne verändern. Wäre diese Preisveränderung in Ausmaß und zeitlichem Verlaufe auf allen Märkten eine vollständig gleichmäßige, so würden mit den Geldeinkommen in gleichmäßiger Weise die Geldausgaben sich ändern und das Realeinkommen würde unverändert bleiben. *Wenn indessen ein und dasselbe Wirtschaftssubjekt auf dem einen Markte als kaufende, auf einem anderen Markte als verkaufende Partei erscheint, das Ausmaß, der zeitliche Eintritt, der Rhythmus und der Ausschlag der Veränderungen der Preise auf diesen Märkten aber verschieden sind, dann ergeben sich Abweichungen zwischen den Geldeinkommen und Geldausgaben* und diese bilden, insoweit sie sich nicht untereinander selbst bei ein und demselben Wirtschaftssubjekt kompensieren, *positive oder negative Differentialrenten.* Solche Verschiedenheiten des zeitlichen Auftretens, des Entwicklungstempos, der Andauer und des Ausmaßes von Preisänderungen auf verschiedenen Märkten finden nun tatsächlich statt und bilden jenes wirtschaftliche Phänomen, das man mit dem der angelsächsischen Literatur entlehnten Ausdruck „*Lag*“[1] zu bezeichnen pflegt. Es ist klar, daß diese Erscheinung sowohl in der Periode des Aufschwunges wie in der Krise auftreten muß, wenn die Bestimmungsgründe, welche die erwähnten Verschiedenheiten der Preisverschiebungen auf den verschiedenen Märkten hervorrufen, bei beiden Erscheinungsgruppen vorhanden sind. Da wir hier aus den bereits erwähnten Gründen unser Hauptaugenmerk den Erscheinungen der Krise und nicht denen des Aufschwunges zuwenden, sei vorbemerkt, daß diese Gemeinsamkeit der Ursachen tatsächlich vorhanden und daher sowohl der „Lag“ wie die Bildung von Differentialrenten (Konjunkturrenten) beiden Perioden gemeinsam ist. Wie später dargelegt wird, bestehen die Ursachen des „Lag“ in der strukturmäßigen und technischen Beschaffenheit der verschiedenen Märkte; die Darstellung, Begründung und Deutung dieser Tatsachen wird einen wesentlichen Teil unserer Analyse ausmachen. Die Untersuchung wird in der Weise geführt werden, daß die auf einer höheren Stufe der Abstraktion gewonnenen Resultate ohne weiteres auf Aufschwung und Abstieg der Konjunktur Anwendung finden können, während bei fortschreitender Annäherung an die Wirklichkeit die sinngemäße Anpassung an den einen wie den anderen Ablauf ermöglicht werden wird.

3. Wir wollen uns jedoch zunächst dem Begriff des „*Lag*“ zuwenden. Es handelt sich, wie bereits gesagt, um die Erscheinung, daß dasselbe

[1] Nach ANGELL und MORGENSTERN wurde der Begriff des Lag zuerst von R. TORRENS im „Essay on the Production of Wealth“, London 1821, S. 404ff., konzipiert.

Gut[1] auf zwei verschiedenen Märkten Preisverschiebungen erfährt, wobei zwischen dem Eintritt dieser Preisverschiebungen eine zeitliche Differenz, ein „Nachhinken" des einen Marktes gegenüber dem anderen vorliegt, woher ja der Ausdruck „Lag" oder time-lag genommen ist.[2] Das optische Bild wird durch die folgende graphische Darstellung gezeigt, in welcher auf der Abszissenachse Monate, auf der Ordinatenachse Geldbeträge (Preise) eingezeichnet sind. Als Beispiel sei der Preis eines beliebigen Gutes im Großhandel und Kleinhandel gewählt. Wir bedienen uns hier noch der üblichen Begriffe „Großhandel" und „Kleinhandel", obwohl sie später durch eine andere, für die hier vorliegenden Zwecke besser geeignete Markteinteilung ersetzt werden. Die Kurve PP_1 stellt die Preisentwicklung im Großhandel, die Kurve pp_1 die im Kleinhandel dar:

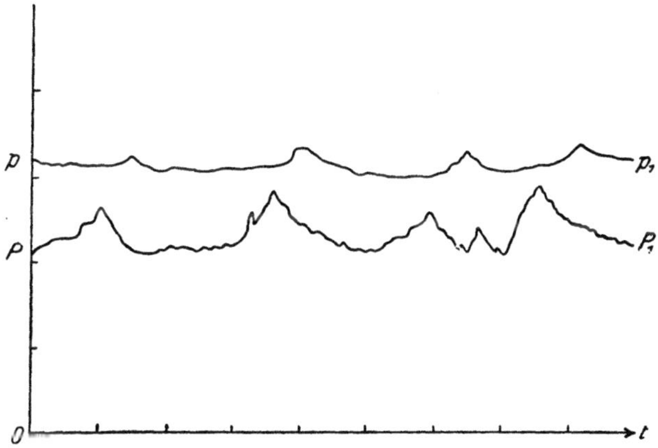

Abb. 3

Wie man sieht, liegt der Preis im Kleinhandel ganz allgemein über dem des Großhandels. Dies hängt mit den Kosten (einschließlich des Unternehmergewinnes) zusammen, welche die Zurücklegung der Teilstrecke „vom Großhandel zum Kleinhandel" innerhalb des gesamten Weges verursacht, den ein Gut von dem Stadium der ursprünglichen

[1] Die Identität von Gütern, die auf verschiedenen Märkten gehandelt werden, kann selbstverständlich nur äußerlich-technologischer, aber nicht wirtschaftlicher Natur sein. In letzterem Sinne handelt es sich stets um *verschiedene* Güter. (Vgl. MISES, Theorie des Geldes und der Umlaufmittel, 2. Aufl., 1924, S. 57, 151ff.) Ökonomisch ist die technologische Identität als *Produktionsverwandtschaft* (siehe WIESER, Theorie der gesellschaftlichen Wirtschaft, 2. Aufl., S. 38ff.) zu werten. Das Gut auf dem konsumferneren Markte gehört zu den „Stammeltern", den Kostengütern des Gutes auf dem konsumnäheren Markte.

[2] Z. B. WAGEMANN, Konjunkturlehre, Berlin, 1928, S. 96, Anm. 1: „Der Zeitabstand, der sich ...... in der Bewegungsfolge der Reihen ergibt, wird von den Angelsachsen als „lag" bezeichnet.

Produktionskräfte bis zur Genußreife zu durchmessen hat. Hierüber wird später noch mehr zu sagen sein. Ebenso ist ersichtlich, daß der Großhandel häufigeren und stärkeren Preisänderungen unterliegt als der mehr stabile Kleinhandel; auch diese Erscheinung wird später erklärt und begründet werden. Außerdem läßt sich aber auch feststellen, daß im großen und ganzen jedem Steigen oder Fallen des Preises im Großhandel erst nach Ablauf einer gewissen Zeit die analoge Richtungsänderung der Kurve pp_1 des Kleinhandels folgt. Diese Zeitdifferenz, welche durch die Differenz ausgedrückt wird, die zwischen den Abszissen der korrespondierenden Punkte der beiden Kurven herrscht, ist der „Lag".

Man könnte geneigt sein, den „Lag" als eine zweidimensionale Größe aufzufassen, indem man außer der Zeitdifferenz, welche zwischen dem Eintritt der korrespondierenden Preisänderungen auf verschiedenen Märkten herrscht, auch das Ausmaß der Preisverschiedenheit in Betracht zieht, welche in einem und demselben Augenblick für „dasselbe" Gut auf verschiedenen Märkten herrscht, d. h. die Differenz der Ordinaten (Amplituden) der beiden Kurven in Abb. 3. Dieser Gedanke ist verführerisch, aber nicht ohneweiters zutreffend. Bei seiner Prüfung muß man sich wieder vor Augen halten, daß technologisch identische Güter, die auf verschiedenen Märkten gehandelt werden, wirtschaftlich als verschiedene Güter behandelt werden müssen. Denn dadurch, daß ein Gut durch physischen Transport oder auch nur durch Händlertätigkeit von einem konsumferneren auf einen konsumnäheren Markt gebracht wird, enthält sein Preis auf dem letzteren auch das Entgelt für die wirtschaftliche Leistung, welche in der Verbringung auf diesen Markt besteht. Der Preis dieser Leistung kann und wird sich in der Regel nach anderen Bestimmungsgründen verändern als der des Gutes selbst; sodaß die Parteien des konsumnäheren Marktes auch in dem Augenblicke, in dem die Preisveränderung des konsumferneren Marktes bereits registriert wird, einen größeren oder geringeren Preisabschlag oder -zuschlag (sowohl absolut als auch in Prozenten) vornehmen können, als der korrespondierende in dem Markte höherer Ordnung war. Wie diese Preisbildung vor sich geht, wird man am besten verstehen, wenn man sich solche Güter als *Produkte der Kombination komplementärer Produktionsfaktoren* vorstellt, von welch letzteren *die Verbringung auf den konsumnäheren Markt,* d. h. die Leistung des Händlers, die Rolle des nicht ersetzlichen „*Schlußstückes*" spielt. „Der Gesamtwert der vollständigen Gruppe richtet sich in der Regel nach der Größe des Grenznutzens, den sie in ihrer Vereinigung zu stiften imstande sind."[1] Hieraus geht hervor, daß die

[1] Böhm-Bawerk, Positive Theorie des Kapitals, 4. Aufl., S. 207; vgl. auch die darauf folgenden Ausführungen, ferner Carl Menger, Grundsätze der Volkswirtschaftslehre, 2. Aufl., S. 25ff., ferner Wieser, Theorie der gesellschaftlichen Wirtschaft, 2. Aufl., S. 82ff., u. a. m.

Preise solcher Produkte von den Preisen ihrer (ersetzlichen) Kostengüter, die nicht als Schlußstück fungieren, durchaus unabhängig sein können und daß der ganze Mehrwert und *Mehrpreis dem Schlußstück zugerechnet wird.* Es kann also der Preis einer Ware auf einem Markt durch erhebliche Zeit überdimensioniert sein gegenüber dem des — technologisch — gleichen Gutes auf dem nächsthöheren Markt, der als unbegrenzte Bezugsquelle dient, und der ganze Mehrpreis fällt dem Händler zu.[1] Die quotative und absolute Verschiedenheit der Ausschläge, welche die Kurven der Abb. 3 aufweisen, findet hiedurch ihre Erklärung, nicht aber die Häufigkeit, ja Regelmäßigkeit dieser Erscheinung. Denn wenn auch durchaus verständlich ist, daß in dem einen oder anderen Fall die Wertentwicklung dieses „Schlußstückes" eine solche sein kann, daß die eingetretene Preisveränderung des „Kostengutes" durch gewisse Zeit hindurch kompensiert erscheint und sich daher erst verspätet — mit einem Lag — auswirkt, ist es keineswegs ohneweiters klar, warum diese Erscheinung regelmäßig eintritt. Dies wird erst bewiesen werden müssen.

Diese Aufgabe ist anscheinend nicht leicht, aber sehr attraktiv. Mit Recht sagt über den Lag MORGENSTERN:[2] „Leider fehlt es wieder, wenigstens nach meinem Wissen, völlig an *theoretischen* Studien über dieses gewiß interessante Phänomen, das, wenn nicht alles trügt, berufen ist, mehr Aufmerksamkeit als bisher zu finden. Einen Ansatz kann man zum Teil in der Idee der Zeitqualität finden."

MORGENSTERN liefert auch[3] ein Einteilungsschema der verschiedenen Arten des Lag, mit dem wir uns beschäftigen müssen, soweit dies hier geschehen kann, ohne der späteren Analyse zu sehr vorgreifen zu wollen: „Die rein logischen Möglichkeiten der Arten dieses Lag (wenn davon abgesehen wird, was technisch leicht möglich wäre, daß er einen rein zufälligen Charakter hat) sind die drei folgenden: 1. der Lag ist *starr*, endgültig und kann nicht geändert werden, 2. der Lag ist innerhalb gewisser Grenzen *veränderlich*, 3. der Lag ist lediglich auf einen gewissen Verhaltenstypus zurückzuführen, als solcher, solange diese Verhaltungsweise andauert, durchaus verständlich, aber kann durch völlig andere Lags ersetzt werden. Dieses Schema läßt sich durch ‚Übersetzung' wieder leicht verständlich machen und dahin präzisieren: Die erste Art besagt,

---

[1] Ein Beispiel möge dies illustrieren: In einem gegebenen Zeitpunkt kosten Eier im Großhandel zehn Groschen, im Detailverkauf dreizehn Groschen. Der Detailhändler erhält daher für seine vermittelnde Tätigkeit drei Groschen pro Stück. Wenn nun der Preis im Großhandel auf neun Groschen sinkt, wird es dem Detaillisten in vielen Fällen möglich sein, den Detailpreis noch eine ganze Weile auf dreizehn Groschen zu halten und er wird in dieser Periode vier anstatt drei Groschen einnehmen.

[2] Wirtschaftsprognose, Eine Untersuchung ihrer Voraussetzungen und Möglichkeiten, Wien, 1928, S. 78.

[3] Ebenda.

daß diejenigen Wirtschaftsakte, die zur zweiten nachhinkenden Größe führen, sich in ihr realisieren, nicht mit den anderen simultan vorgenommen werden *können*, daß z. B. technisch-psychische Umstände im Wege stehen, die eine solche Auseinanderlegung *fixieren*, während sie bei 2. sich offenbar in gewissem Maße beeinflussen lassen, wahrscheinlich mit besonderem Aufwand oder Kosten. Die dritte Art dagegen findet keinerlei äußere Umstände im Wege, es sei denn das Verhalten der anderen, das einige Wirtschafter zum Aufschub mancher Akte drängt. Wenn zwei Serien auseinanderklaffen, so handelt es sich um Serien, als deren Komponenten natürlich *verschiedene* Wirtschaftssubjekte in Betracht kommen. Die Serie A, die vorangeht, kann der Aktivität völlig anderer Wirtschaftssubjekte entstammen als die Serie B, die nachhinkt. Ferner sind viele Serien, auf die es bei der Prognose ankommt, aus Unternehmerakten zusammengesetzt, und sehr viele, die meisten sogar, tragen durchaus gemischten Charakter, wie etwa die Bewegung der Bankdepositen, unter denen es Depositen gibt, die lediglich auf Unternehmerakte zurückgeführt werden können, und solche, die der Disposition von Wirtschaftssubjekten, also Wirtschaftsakten, unterliegen. Zwischen Wirtschaftsakten und Unternehmerakten besteht, wie erinnerlich, ein strukturell nicht zu vernachlässigender Unterschied; der Einfachheit halber sei es aber gestattet, hier nur von Wirtschaftsakten zu sprechen, was auch einer gewissen Berechtigung nicht entbehrt, da natürlich alle Unternehmerakte letztlich auf Wirtschaftsakten basieren. — Jetzt ist also der Weg geöffnet zu einer Beantwortung der Frage: Sind diejenigen Verhaltensweisen, die zum Auseinanderfallen der Serien führen, von Gesetzmäßigkeiten ähnlicher Art, wie die statischen Theoreme sie darstellen, oder sind einige oder alle statische Gesetze ohnehin?“

Es ist zunächst gegenüber MORGENSTERNS Einteilung eine begriffliche Abgrenzung vorzunehmen, da er auch Fälle von Nachhinken solcher Abläufe in Betracht zieht, welche nicht Preisphänomene sind, wie etwa die durch die natürlichen Produktionsbedingungen gegebene Zeitspanne zwischen Anbau und Ernte; hier hingegen steht ausschließlich der Lag der Preise zur Diskussion. In diesem Sinne scheint zwar gleichfalls der erste Verhaltenstypus immerhin denkbar, daß infolge technischer, rechtlicher oder psychischer Hindernisse der Preiszusammenhang zweier Märkte so unterbrochen wird, daß sich ein starrer, menschlicher Einwirkung entzogener Lag bildet. Dies wird der Fall sein, wenn ein Wirtschaftsgebiet durch sehr lange Zeit — etwa durch eine Blockade — von dem Markte des Warenbezuges abgeschnitten ist oder wenn langdauernde Einfuhrverbote oder Einfuhrboykotte bestehen. Dann hört aber auch die Produktionsverwandtschaft der in Frage stehenden Güter auf und es entstehen zwei vollständig unabhängige Preisentwicklungen; der isolierte Markt wird höchstens echomäßig auf die Schwankungen des anderen reagieren, wobei die Chancen der Möglichkeit einer etwaigen künftigen Wiederaufnahme des Verkehrs das psychische Motiv der Marktparteien sein werden. In diesen Fällen werden Zeitpunkt und Amplitude der Preisausschläge auf dem isolierten Markte ganz unberechenbar sein. Da wir in unserer Untersuchung nicht über das Gebiet regelmäßiger und kausaler Zusammenhänge hinausgehen wollen, ist dieser Fall für uns irrelevant.

Die beiden andern Typen des Lag, die MORGENSTERN aufstellt, kann man für unsere Zwecke in einen zusammenfassen, der durch folgende Merkmale gekennzeichnet wird: Auf einem Markte wird durch Preisänderungen einer oder mehrerer produktionsverwandter Märkte die Möglichkeit zu Preisverschiebungen geschaffen, und es hängt jetzt von dem Verhalten der Parteien dieses Marktes ab, ob, in welchem Ausmaße und wann diese Preisveränderungen eintreten. Da, wie später auseinandergesetzt wird, sich die Preisänderungen in einer bestimmten Reihenfolge durch bestimmte Märkte fortpflanzen, kann bei der Analyse jeder einzelnen solchen Etappe die gleichzeitige Preiskonstellation der in dieser Reihenfolge vorangehenden Märkte als Datum betrachtet werden. Die zu lösenden Aufgaben werden also darin bestehen,

1. die Gliederung und Reihenfolge dieser Märkte festzustellen, die zueinander im Verhältnis der Produktionsverwandtschaft stehen,

2. das Verhalten der Parteien auf jenem Markte, auf dem die Preisänderung nach dieser Reihenfolge einzutreten hätte, zu analysieren und die Wirkungen dieses Verhaltens zu prüfen.

Schließlich hat man sich noch mit einem theoretischen Problem auseinanderzusetzen, das aber keine großen Schwierigkeiten bereiten wird. Wie bereits früher dargelegt wurde, stehen die Waren des konsumferneren Marktes zu denen des konsumnäheren Marktes im Verhältnis von Kostengütern zum Produkt. Nach den Gesetzen der Theorie des subjektiven Wertes wird aber der Wert und Preis der Kostengüter von dem des Produktes bestimmt und nicht umgekehrt. Wie ist es also zu erklären, daß die Preise des konsumnäheren Marktes zeitlich und kausal denen des konsumferneren Marktes nachhinken, während doch das Umgekehrte der Fall sein müßte? Die Beantwortung ist folgende: Bei einer „long run observation", welche den kausalen Ablauf innerhalb so großer Zeiträume analysiert, daß darin weitausgreifende Produktionsumwege (einschließlich der Herstellung und Ausnützung ausdauernder Produktionsgüter) Platz haben, wird sich die Schaffung des Produktionsapparates und daher der Preis der Produkte nach ihrem Werte orientieren. Bei einer „kurzfristigen" Beobachtung dagegen ist der Produktionsapparat als im großen und ganzen der Nachfrage bereits angepaßt und daher als gegeben anzusehen, so daß die einzelnen Preise sich nach den tatsächlich aufgewendeten Kosten gestalten. Da nun der Zeitraum, den ein Konjunkturzyklus (und in noch höherem Grade dessen Teilabschnitt, die Krise) im Vergleich zu den meisten Produktionsumwegen und besonders der Herstellung und Ausnützung von festem Kapital umfaßt, als eine *kurze Frist* zu betrachten ist, kann man im allgemeinen in der Konjunkturforschung die Preise der Produkte als von denen ihrer Kostengüter abhängig ansehen. In den Märkten tieferer Ordnung sind dies die Preise der Güter der produktionsverwandten höheren Märkte, welche Güter die „Stammeltern" der auf den konsumnäheren Märkten gehandelten Waren darstellen.

II. Preisveränderungen

4. Um der Frage näherzutreten, welche Abweichungen die Preisveränderungen auf verschiedenen Märkten erfahren, sind zunächst aus der Rüstkammer der Theorie die Grundsätze hervorzuholen, welche uns sagen, wie „Preisveränderungen" überhaupt eintreten. Dieser Ausdruck sei mit aller Vorsicht gebraucht und auf die bekannte Auseinandersetzung verwiesen, die Mises[1] mit Zwiedinek-Südenhorst[2] über die Kontinuität der Preise führte. Tatsächlich ist jeder Preis, der zustande kommt, ein *neuer* Preis, und die Vorstellung von einer Fortdauer des vorhergehenden mit einem Zuschlag oder Abstrich[3] ist ebenso wie das optische Bild eines Beharrungsvermögens, einer „Trägheit" der Preise, irreführend. Jeder Preis wird nach den Gesetzen, wie sie uns Böhm-Bawerk zuerst vermittelt hat und die dann von der späteren Theorie weiter ausgestaltet wurden, gebildet; gleiche Bestimmungsgründe erzeugen gleiche Preise und eine „Veränderung" tritt nur dann ein, wenn eine entsprechende Veränderung der Bestimmungsgründe vorliegt. Man kann also von „Bewegungen der Preise" nur in demselben Sinne sprechen, in dem wir von den „Bewegungen" eines kinematographischen Bildes sprechen; jedes Bild ist ein neues, anderes, und nur ihre rasche Aufeinanderfolge täuscht den Eindruck der Bewegung vor.

Das Böhm-Bawerksche Grundgesetz der Preisbildung enthält aber

---

[1] A. a. O. S. 88ff.

[2] Kritisches und Positives zur Preislehre, Zeitschrift f. d. ges. Staatswissenschaften, 1908, S. 587ff.

[3] Wohl aber ist zuzugeben, daß die wirtschaftenden Menschen bei ihren Preisangeboten und Preisforderungen sich eines solchen Verfahrens bedienen. Sie ersparen es sich, die gesamte Komputation jedesmal von Grund auf neu vorzunehmen und bauen auf der vorhergehenden auf, indem sie die inzwischen eingetretenen Änderungen ihrer Bewertung von Tausch- und Preisgut (Geld) in ihren Preislimiten registrieren. Es liegt hier ein „abgekürztes Verfahren" vor, wie es für den Grenznutzen zuerst von Schönfeld (Grenznutzen und Wirtschaftsrechnung, 1924, S. 47ff., 82ff., 195 u. a. m.) auseinandergesetzt wurde.

die ausdrückliche Einschränkung: „.... daß alle Mitbewerbenden gleichzeitig auf demselben Markte erscheinen, daß alle angebotenen Güter (bei Böhm-Bawerk Pferde) von gleicher Güte sind und daß endlich die erscheinenden Tauschlustigen auch in keinem derartigen Irrtum über die wirkliche Marktlage sich befinden, der sie von der wirksamen Verfolgung ihrer egoistischen Interessen abhalten könnte.“[1] Diese Einschränkung findet Böhm-Bawerk sogar bei dem am wenigsten monopolistischen oder technischen Einflüssen unterworfenen Markte, nämlich „bei beiderseitigem Wettbewerb“ zu machen für notwendig. Ohne diesen Vorbehalt müßte, wenn einer der sechs Bestimmungsgründe, die er anführt, sich ändert, daraus an und für sich stets auch eine Preisvariation oder korrekter ausgedrückt, die Bildung eines neuen, vom vorhergehenden verschiedenen Preises erfolgen, es sei denn, daß die Rolle der Marktpartei, bei und in der diese Veränderung eintritt, eine ganz geringfügige wäre. Auch wenn das letztere nicht der Fall ist, muß indessen die Preisänderung nicht eintreten, wenn diejenigen Marktparteien, welche von ihr profitieren sollten — also bei Preissenkung die Käufer, bei Preissteigerung die Verkäufer — entweder von der auf der Gegenseite eingetretenen Veränderung nichts wissen oder die bei ihnen selbst eingetretene Veränderung eines Bestimmungsgrundes entweder nicht erfahren oder ignorieren oder aber aus Gründen der Machtverteilung nicht auszunützen imstande sind. Die Hausfrau — um ein Beispiel aus dem täglichen Leben zu wählen —, welche Fleisch einkauft, mag darüber nicht informiert sein, daß die Anlieferungen auf dem Viehmarkte ungewöhnlich groß waren und deshalb der Viehpreis zurückgegangen ist; oder sie mag zwar den Marktbericht gelesen haben, ist aber nicht genügend geschäftstüchtig, daraus die Nutzanwendung für ihre Einkaufstaktik zu ziehen; oder aber sie weiß das alles, findet sich aber einer festen Preisliste des Metzgers gegenüber und ist allein nicht in der Lage, dagegen erfolgreich anzukämpfen. Sie kann zwar — wenn auch nicht in allen Fällen, z. B. nicht, wenn sie Kredit in Anspruch nimmt — zum nächsten Metzger gehen und dort ihr Heil versuchen, wird aber häufig dort dieselben Preise vorfinden.[2] Sie wird vielleicht an der Peripherie der Stadt einen Laden finden, in dem sie billiger

---

[1] A. a. O. S. 273.

[2] Vgl. Böhm-Bawerk, Macht oder ökonomisches Gesetz? Gesammelte Schriften, 1924, I. Bd., S. 241: „Was verschafft dem Wucherer jene ‚Macht‘ über den Bewucherten, die die bekannten ausbeutend hohen Wucherpreise zur Erscheinung bringt? Es sind dies keine anderen als eben diejenigen Momente, welche auch die angeblich ‚rein ökonomische‘ Theorie des Grenznutzens in der von ihr entwickelten Preisformel an die Hand gibt. Es ist dies das dringende Bedürfnis des Bewucherten, das ohne das Wuchergeschäft ganz ohne Deckung verbliebe, so daß von der durch das Wuchergeschäft zu erkaufenden Deckung die Befriedigung allerwichtigster Bedürfnisse abhängt, womit in weiterer Folge der durch den abhängigen Nutzen bestimmte

einkaufen könnte; aber die Distanz ist zu groß und der Zeitverlust zu bedeutend, als daß sie davon profitieren kann. In welchem Falle wird nun der Metzger dem Herabgehen der Viehpreise durch eine Ermäßigung seiner eigenen Forderung Rechnung tragen? Unter der Voraussetzung, daß keine Preistaxen oder interventionistischen Einflußnahmen verfügt werden, wird er dies erst dann tun, *wenn er seinen Vorteil darin erblickt*, zu billigeren Preisen zu verkaufen. Das wird der Fall sein, wenn infolge der allgemeinen wirtschaftlichen Situation, welche in der Regel auch die letzte Ursache für das Herabgehen des Viehpreises gewesen sein wird, die Nachfrage nach den von ihm zum Verkaufe ausgebotenen Fleischsorten so zurückgegangen sein wird, daß er seine Rechnung besser dabei findet, zu niedrigeren Preisen ein größeres Quantum Fleisch — entsprechend der Elastizität der Nachfrage — zu verkaufen, als das der geschwächten Nachfrage entsprechende geringere Quantum zum höheren Preise. Der Preis, zu dem er sich unter diesen Umständen bequemen wird, ist nichts anderes als der COURNOTsche Punkt. Man begegnet hier dem bekannten Preisgesetz des Monopolisten, welches Anwendung finden muß, da auf dem Gebiete des täglichen Lebensmittelhandels eine ähnliche Marktkonstellation herrscht, wie man sie beim Monopolpreis zu begegnen gewohnt ist. Wir werden den monopolartigen Charakter gewisser Sparten des Kleinhandels noch später näher beleuchten. Hier sei nur an der Hand des gewählten Beispieles das allgemeine Gesetz festgestellt, daß jede Marktpartei eine Preisverschiebung zu ihren unmittelbaren Ungunsten nur und erst dann akzeptiert, wenn diese sich in den Rahmen ihres auf Erzielung des größten Gesamtnutzens gerichteten Strebens einpaßt. Es ist ebenso klar, daß jede Marktpartei im Rahmen ihres Wissens und Könnens immer eine Preisverschiebung zu ihren unmittelbaren Gunsten anstrebt, wenn sich dies mit ihrem Streben nach möglichst großem Gesamtnutzen vereinbaren läßt. Wir sehen hier Aktion und Reaktion, Antrieb und Hemmung, die bei jeder Bildung eines neuen Preises wirksam sind. Auf unseren besonderen Fall, die Krise und die für sie charakteristische allgemein rückläufige Preisbewegung angewendet, ergibt sich hieraus, daß die *Verkäufer dieser allgemeinen Preisbildung nur so weit folgen, als sie müssen*, das heißt als ihnen nicht Schaden oder Einbuße

subjektive Wert und mit ihm die obere Grenze des möglichen Preises in die Höhe gerückt wird. Und da dem Bewucherten anderseits auch keine Konkurrenz von Anbietenden zu Hilfe kommt, deren Mitbewerbung der Wucherer nur durch Unterbieten aus dem Felde schlagen könnte, so fehlt es auch an jenen tiefer liegenden, den Preis gleichfalls nach oben einengenden Grenzlinien, die im Falle der Konkurrenz die Wertschätzungen der aus dem Felde zu schlagenden Wettbewerber im Angebot abgeben; und der Wucherer erlangt so die ‚Macht‘, durch zähe Unnachgiebigkeit seinen Preis bis knapp an die äußerste Obergrenze zu rücken, welche die hochgespannte subjektive Wertschätzung des bedürftigen Bewerbers bezeichnet.“

aus der Beibehaltung der Preise erwachsen würden, welche den Verlust aus der Preisherabsetzung überkompensieren, also eine Verringerung des Gesamtnutzens hervorrufen würden.[1]

5. Und nun ergibt sich auch die Lösung des Problems, das früher aufgeworfen und zunächst unerledigt gelassen wurde: Warum die Preisentwicklung des Schlußstückes, der Verbringung des Gutes von dem konsumferneren auf den konsumnäheren Markt, so oft, ja fast regelmäßig eine solche ist, daß eine vorausgegangene Preissenkung eines oder mehrerer der komplementären Kostengüter durch längere Zeit hiedurch kompensiert wird, der Preis des Kombinates also unverändert bleibt, mit anderen Worten ein Lag entsteht. Durch die Produktionsverwandtschaft der Güter zweier Märkte wird deren Preisverbundenheit begründet, d. h. die Möglichkeit der Preissenkung auf dem Markte tieferer Ordnung gegeben; *wann* diese eintritt, hängt von der Art und Weise ab, *wie* die Preise auf ihm gebildet werden. Die Verkäufer auf den in Frage stehenden Märkten nützen eben den Umstand, daß sie mehr oder minder monopolartig über das unersetzliche „Schlußstück" verfügen, so weit und so lange aus, als sie nicht zu der Erkenntnis gelangen, daß sie nunmehr besser fahren werden, wenn sie sich mit einem bescheideneren Preise begnügen.

Es ist klar, daß der geschilderte Vorgang nichts anderes ist, als eine Differenzierung jenes Ablaufes, dessen integrales Phänomen sich als das Spiel des freien Wettbewerbes, bzw. als das Funktionieren des monopoloiden oder monopolbeherrschten Marktes darstellt. So wie das andere integrale Phänomen von Angebot und Nachfrage auf dem Markte durch die Theorie des subjektiven Wertes in die Entschlüsse und Handlungen der einzelnen Wirtschaftssubjekte differenziert wurde, ist es wohl auch Aufgabe der Wirtschaftstheorie, das marktmäßige Phänomen des Wettbewerbes oder der geringeren oder größeren Gebundenheit auf das Verhalten der einzelnen wirtschaftenden Menschen zurückzuführen. Dasselbe gilt von dem Begriff der „Elastizität der Nachfrage".[2] Leider muß man

[1] Böhm-Bawerk, a. a. O., S. 267: „Lieber mit einem kleineren Vorteil als gar nicht tauschen."

[2] Auch die Elastizität der Nachfrage ist ein integrales Marktphänomen, das in die Handlungen der einzelnen Wirtschaftssubjekte aufgelöst werden kann, was schon Marshall (Principles of Economics, 8th Ed. Book III, chapter 4, p. 102) getan hat. Im übrigen ist der Elasticitätskoeffizient eine komplexe Größe, die aus folgenden Hauptkomponenten besteht:

1. Physiologische, psychologische und technische Faktoren. Je mehr die Produktion eines Gutes sich dem Maximum der physiologischen oder psychischen Aufnahmsfähigkeit der Konsumenten nähert, in um so geringerem Ausmaße wird die Preissenkung in der Absatzvergrößerung Absatz finden. Schon Marshall (a. a. O.) hat dies als eine Anwendung des ersten Gossenschen Gesetzes bezeichnet. Unter den zahlreichen technischen Mo-

feststellen, daß die Literatur zum weitaus überwiegenden Teile sich damit begnügt hat, den Grad des in einem Markte herrschenden Wettbewerbes als „morphologische Eigenschaft des Marktes" anzusehen, d. h. als Datum, über dessen kausale Abhängigkeit keine weitere Analyse vorgenommen wird.[1] Allerdings muß man zugeben, daß die ältere Grenz-

---

menten sei hervorgehoben, daß die zunehmende Erzeugung von Produktionsmitteln, welche nur gemeinsam mit komplementären Gütern verwendbar sind, deren Produktion nicht in gleichem Maße vermehrt werden kann, mit einer relativen Absatzminderung verbunden ist, die einem negativen Elastizitätskoeffizienten gleichkommt; hier besteht ein gewisser Zusammenhang mit dem Gesetz vom abnehmenden Ertrag. Es wird eine andere Kombination von Produktionsfaktoren gebildet, welche vom Optimum entfernter ist als die vorhergehende.

2. In ökonomischer Beziehung ist die Elastizität der Nachfrage von der Kaufkraft der Bevölkerung abhängig; dieser Fall wird insbesondere dann wichtig, wenn durch Konjunkturmomente eine Verminderung des Realeinkommens breiter Massen bei gleichzeitiger Erhöhung des Produktionsvolumens verursacht wird.

Es ist auch möglich, daß sich der Absatz von Gütern, welche hauptsächlich ihrer Kostbarkeit wegen gekauft werden, gerade dann und darum verringert, weil sie in größeren Mengen auf den Markt kommen und billiger angeboten werden. Das markanteste Beispiel hiefür bildet Silber, von dessen Verwendung für Währungszwecke man infolge der großen Produktionszunahme und des Preisfalles absah. Durch den Übergang von der Silberwährung zur Goldwährung, welche eine direkte Folge dieser Produktions- und Preisentwicklung war, ist die Nachfrage nach Silber wesentlich zurückgegangen.

Eine ökonomische Komponente mit positivem Vorzeichen bildet die Substitution, welche bei jeder Preissteigerung Ersatzgüter heranzieht, bei jeder Preissenkung solche verdrängt.

Man vergleiche die ungewöhnlich gründlichen Ausführungen in MARSCHAKS „Elastizität der Nachfrage" (Tübingen 1931), wo sich auch umfangreiche Literaturnachweisungen finden.

[1] Man lese z. B. alles, was HALM in „Die Konkurrenz" (München-Leipzig 1929), einer Monographie von 182 Seiten, über das subjektive Verhalten der Marktparteien zu sagen hat (S. 3 und 4): „Das Erwerbstreben veranlaßt beim Käufer ein niedriges, beim Verkäufer ein hohes Preisangebot. Eine Einigung wäre selten und schwer, vielleicht nie zu erreichen, wenn nicht ein entgegengesetztes Streben ausgleichend wirksam wäre. Käufer und Verkäufer sind grundsätzlich auf eine Einigung als Voraussetzung des Tausches bedacht. Dem Streben nach hohen, bzw. niederen Preisen steht nicht nur das entgegengesetzte Streben des Tauschkontrahenten gegenüber, sondern auch im einzelnen das grundsätzliche Streben, überhaupt zum Tausch zu kommen. Das Streben nach der endgültigen Einigung ist primär, das Erwerbstreben vergleichsweise nur sekundär. Die technische Grundlage der Sozialwirtschaft, die Arbeitsteilung, zwingt zu Tausch und Einigung und läßt insofern dem Erwerbstreben nur einen verhältnismäßig kleinen Spielraum zur Auswirkung.

Im Normalfall stehen sich mehrere Anbieter und Nachfrager gegenüber. Daß sich am gleichen Ort, zur gleichen Zeit, für gleiches Gut ein einheitlicher

nutzenschule auch die Analyse der Preisbildung auf einer ziemlich tiefen Stufe der genetisch-kausalen Zurechnung abbricht. Denn die Frage, wie die Marktparteien zu ihren Kaufangeboten gelangen, d. h. in welcher Weise sich die Intensität der Begehrungen in Geldsummen quantitiert, ist von Böhm-Bawerk so ziemlich offengelassen worden. Diese Tatsache ist nicht mit Unrecht vielfach kritisiert worden, z. B. schon von Stolzmann (Der Subjektivismus an der Hand der sozialorganischen Methode, Conrads Jahrbücher III. F., Bd. 148, S. 159): „Die sozialorganisch bedeutsame Methode kann erst dort anfangen, wo v. Böhm-Bawerk aufhört. Wir müssen fragen: Weshalb können und müssen die A und B so schätzen ?" Auf diese Lücke in der Analyse ist immer wieder in milderer oder stärkerer Form hingewiesen worden; so versteigt sich Turgeon (Critique de l'utilité finale, Revue de l'Economie politique 1925, S. 876) sogar dazu, das von Böhm-Bawerk dargestellte Agieren der Parteien auf dem Markte als „ce jeu d'automates" zu bezeichnen. Das Problem ist besonders von Engländer weiter verfolgt worden und hat ihn zu dem eleganten Begriff der „Preiswilligkeit" geführt, den er in den „Bestimmungsgründen des Preises"[1] und anderen Schriften sehr ausführlich behandelt. Wir möchten es ablehnen, Engländer bei allen Thesen, die er aufstellt, Gefolgschaft zu leisten. Insbesondere sein „Paradoxon der Preiswilligkeit" beruht auf

---

Preis herausbilden muß, ist selbstverständlich. Keiner würde zu hohen Preisen kaufen, wenn an gleicher Stelle des Marktes dasselbe Gut billiger zu haben wäre. Die Ausgleichstendenzen, die hier herrschen, sind klar. Es ist die Wirkung der Konkurrenz auf beiden Seiten, die den Ausgleich zum einheitlichen Preis schnell und eindeutig ermöglicht. Die Verkäufer drücken sich gegenseitig im Preis, weil sie miteinander um den Absatz ihrer Produkte kämpfen, die Käufer überbieten sich, weil sie um das Angebot konkurrieren. Dem Erwerbstreben, das beim Einkauf niedere, beim Verkauf hohe Preise erreichen will, tritt das Konkurrenzstreben gegenüber, das auf niedere Preise beim Verkauf und hohe Preise beim Einkauf hinzielt.

Konkurrenz und Erwerbstreben sind antagonistische Kräfte. In der Konkurrenz tritt das grundsätzliche Streben jedes Mitgliedes einer Tauschwirtschaft nach Austausch der Produkte und Leistungen der typisch wirtschaftlichen Einstellung des Individuums in der kapitalistischen Verkehrswirtschaft dem Erwerbstreben gegenüber. Der Antagonismus: Erwerbstreben-Konkurrenz bewirkt auch den eigenartigen Charakter der Konkurrenz, das Minimum von Aktivität, die verhaltene Zaghaftigkeit der Auswirkung, das exakte Reagieren — die Tendenz, eher zu wenig als zu viel zu tun. Jedenfalls ergibt sich deutlich, daß die Konkurrenz nur insoweit im Interesse des Individuums liegt, als der notwendige Tausch irgendwie zustandegebracht werden muß. Ist der Tausch sonstwie, das heißt ohne Konkurrenz zu sichern, so verzichtet das Wirtschaftssubjekt ohne weiteres auf die Konkurrenz, und zwar gerade auf Grund des Erwerbstrebens. Da Konkurrenz und Erwerbstreben entgegengerichtete Kräfte sind, so kann durch Aufhebung der Konkurrenz in sehr vielen Fällen bessere Geltendmachung des Erwerbstrebens erfolgen."

[1] Reichenberg 1921.

einer vollständigen Ignorierung dessen, was WIESER[1] *„Distanzgefühl“* beim Werturteil nennt. Immerhin können die Antriebe, welche die einzelnen Marktparteien zugunsten von Preisänderungen erteilen, und die Widerstände, welche sie solchen entgegensetzen, als Manifestationen ihrer *Preiswilligkeit* bezeichnet werden. Der Fortschritt, den wir ENGLÄNDER verdanken, besteht also nicht nur in der Weisung neuer Wege auf dem Gebiete der allgemeinen Preistheorie, sondern er ist auch geeignet, die Zurückführung des bisher als transzendentales Datum angesehenen Wettbewerbgrades der Märkte auf die Dispositionen der einzelnen Wirtschaftssubjekte zu ermöglichen.

Leider steht ENGLÄNDER mit seinen Forschungen recht isoliert da, ja es läßt sich nicht leugnen, daß die neuere Entwicklung der Werttheorie vielfach noch weiter von der genetischen zur transzendentalen Methode abrückt. Dies ist hauptsächlich behaviouristischen Gedankengängen der amerikanischen Schule zuzuschreiben, welche zuerst SCHUMPETER einem weiteren deutschen Leserkreise vermittelt hat; sie richten sich insbesondere gegen den *Bedürfnisbegriff*, welcher als eine Hypostasierung der faktischen Handlungen der Wirtschaftssubjekte[2] bezeichnet und dem heuristische Bedeutung abgesprochen wird. Es würde zu weit führen, an dieser Stelle auseinanderzusetzen, daß und warum jede Weiterführung der kausalen Analyse eines Wirtschaftsphänomens unsere Erkenntnis erweitert. Wir wollen uns damit begnügen, in dem hier vorliegenden Problem den Beweis zu führen, daß die Erforschung der inneren Ursachen, denen zufolge die einzelnen Marktparteien ein Verhalten beobachten, das das integrale Phänomen eines bestimmten Wettbewerbgrades eines Marktes zur Folge hat, wichtige Aufschlüsse über die Preisgestaltung zu liefern vermag. Die analoge Nutzanwendung auf die Frage, welchen Wert die Prüfung der psychischen Ursachen des Verhaltens in anderen Fällen besitzt, würde zu weit vom Thema abführen.

6. Inwieweit nun die Verkäufer auf den einzelnen Märkten einander den Rang abzulaufen suchen, dabei aber doch Preisrückgängen Widerstand *mit Erfolg* entgegensetzen können, inwieweit anderseits die Käufer informiert, geschäftstüchtig und mächtig genug sind, diesen Widerstand zu überwinden, hängt zum Teil von individuellen Eigenschaften dieser einzelnen Wirtschaftssubjekte ab; aber nur zum Teil. In vielen Fällen sind Tatsachen, welche in der sozialen und rechtlichen Struktur der Wirtschaft, aber auch in den *technischen Gegebenheiten der Märkte* gelegen sind, für das Eintreten und Ausmaß dieses Erfolges maßgebend, sowie für den Zeitpunkt, in welchem dieser Erfolg erzielt wird. Wie schon oben erwähnt,

---

[1] A. a. O. S. 92.

[2] KAUFMANN, Logik und Wirtschaftswissenschaft, Archiv für Sozialwissenschaft, 1925, S. 614ff., ferner Schr. d. Ver. f. Sozialpolitik, Bd. 183/1. — MISES, Vom Weg der subjektivistischen Wertlehre, S. 77.

ist die Zuteilung der Rollen als Käufer oder Verkäufer auf den verschiedenen Märkten an die einzelnen Wirtschaftssubjekte und die durch sie gebildeten sozialen Klassen keine zufällige, sondern in dem strukturmäßigen Aufbau der Wirtschaft und der gesellschaftlichen Arbeitsteilung gesetzmäßig bedingt. Die übliche Einteilung der Träger des sozialen Einkommens in Kapitalisten und Lohnempfänger wird uns hiebei nicht annähernd Genüge leisten können. Eine solche Antithese, die sich auf einer sehr hohen Stufe der Abstraktion bewegt, ist zwar durchaus geeignet, in der Kapital- und Zinstheorie die Abgrenzung der Funktionen von „vorgetaner und gegenwärtiger Arbeit“[1] zu ermöglichen. In dieser Untersuchung würde sie aber irreführende Resultate zutage fördern. Es ist z. B. die Bezeichnung eines Wirtschaftssubjektes als „Kapitalist“ in keiner Weise genügend, um festzustellen, auf welchen Märkten dieser Kapitalist als Käufer und auf welchen er als Verkäufer auftritt, und daher noch weniger, um zu ermitteln, aus welcher dieser Betätigungen er bei einer allgemeinen oder partiellen Preisverschiebung eine Erhöhung oder Verringerung seines Realeinkommens erfährt. Er kann z. B. Besitzer von Aktien sein: es wird dann ganz auf die Geschäftszweige ankommen, in denen die Gesellschaft sich betätigt, deren Anteile er hat, d. h. auf welchen Märkten diese Gesellschaft selbst als Käufer und Verkäufer auftritt; hieraus wird sich ergeben, ob er in einem bestimmten Zeitpunkte der Krise einen Einkommenszuwachs[2] oder -entgang aus seinem Aktienbesitz erfährt. Als Eigentümer von erstklassigen Obligationen wird unser Kapitalist in der Krise eine Steigerung seines Realeinkommens registrieren können, da die mit der Krise verbundene Deflation dem Geldeinkommen eine erhöhte Kaufkraft verschafft. Dagegen wird die Verzinsung von Obligationen minderer Güte durch die Krise gefährdet oder sogar suspendiert werden können.[3] Tritt der Kapitalist als Geldgeber in irgend einer der Formen des kurzfristigen Darlehensmarktes auf, wird die Gestaltung seines Realeinkommens aus dem Zinsertrag davon abhängen, ob der Abbau des Zinsfußes der Kaufkraftsteigerung des Geldes im gegebenen Stadium der Krise vorausgeeilt ist oder nachhinkt.

---

[1] Vgl. WICKSELL, Vorlesungen über Nationalökonomie, Jena 1913, I. Bd., S. 218.

[2] Es hat z. B. in Wien ein chain-store-Unternehmen der Kolonialwarenbranche im Jänner 1932 eine erhöhte Dividende bezahlt, während die meisten Unternehmungen anderer Geschäftszweige ihre Ausschüttung reduzieren mußten.

[3] Diese Verschiedenheit findet auch in der kursmäßigen Bewertung Ausdruck. So sind die 4½%igen Obligationen der Schweizerischen Bundesbahnen (Serie A—K) an der Züricher Börse von 96,50% am 31. Jänner 1931 auf 98,50% am 30. Jänner 1932 gestiegen; in derselben Zeit sind die 4½%igen Obligationen der Brown Boveri A. G., eines ersten Unternehmens der elektrischen Industrie, von 102% auf 80% gefallen.

Nur in dem Falle, daß der Kapitalist selbst gleichzeitig Unternehmer ist, wird seine Rolle auf den verschiedenen Märkten, auf denen er kauft oder verkauft, offen zutage treten. In allen Fällen wird man indessen berücksichtigen müssen, daß er neben seiner Eigenschaft als Kapitalist und Unternehmer Käufer von Dingen des täglichen Bedarfes, Lohnzahler, Steuerträger usw. ist.

Es kommt also nicht darauf an, in welche rechtlichen oder sozialen Formen die Betätigungen der Einkommensträger oder Gruppen solcher äußerlich gegossen sind. Wesentlich ist vielmehr der rein katallaktische Sachverhalt, auf welchen Märkten sich die Tauschakte abspielen, deren Preisgestaltung das Einkommen dieser Subjekte determiniert. Man muß hiezu einen ähnlichen Gedankengang verfolgen, wie ihn WIESER[1] bei der Scheidung von „Zessionszahlungen" und „Preiszahlungen" gemacht hat, und durch die äußere Hülle der Rechtsformen, in welche das Einkommen gekleidet ist, zu dessen wirklicher Quelle, der Preisgestaltung der erbrachten und empfangenen Leistungen, durchstoßen.

Diesen Weg muß man beschreiten, wenn man prüfen will, auf welchen Märkten die Angehörigen der einzelnen sozialen und Berufsklassen als Käufer und auf welchen sie als Verkäufer regelmäßig tätig sind. Um diese Aufgabe jedoch mit Erfolg in Angriff nehmen zu können, wird es notwendig sein, die Abgrenzung der verschiedenen Märkte gegeneinander in geeigneter Weise vorzunehmen; diese Abgrenzung muß nicht nur eine klare und eindeutige sein, sie muß auch ganz besonders auf das hier zu lösende Problem abgestellt werden. Demgemäß wird mit den üblichen, unter verschiedenen heuristischen Gesichtspunkten bisher eingeführten Marktbegriffen das Auslangen nicht gefunden werden. Antithesen, wie Produktionsmittel- und Konsumgütermarkt, Groß- und Kleinhandel, freie und monopolistisch beeinflußte Märkte werden nicht mit der nötigen Evidenz die Bestimmungsgründe zutage fördern, welche das nach seinen Dimensionen und seinem absoluten und relativen Ablauf in der Zeit zu prüfende Phänomen der Preisverschiebungen verursachen. Wir werden zu diesem Zwecke vielmehr eine neue Einteilung der Märkte vorzunehmen haben, und zwar ausschließlich unter dem Gesichtspunkte, wie sich auf ihnen die Preisbildung technisch vollzieht, bzw. in welchem Maße sie Tendenzen zur Preisänderung, die in ihnen auftreten, nachzugeben pflegen und welchen Widerstand sie solchen Tendenzen entgegensetzen. Das Kriterium, dessen wir uns bei der Bildung dieser neuen Marktbegriffe bedienen werden, ist demgemäß die *Reagibilität auf Preisänderungen.*

7. Dieser Begriff ist uns von der Konjunkturforschung her geläufig,

---

[1] A. a. O., S. 180.

wo er in Form der reagiblen Warenpreise[1] Anwendung findet und ein wichtiges Instrument wirtschaftlicher Vorhersage bildet. Es wäre nun noch zu untersuchen, ob dort dem Ausdrucke wirklich derselbe Sinn unterlegt ist, den wir ihm bei der Anordnung der Märkte geben, indem wir darunter eine *Gradbezeichnung* jener Nachgiebigkeit gegen Preisänderungen verstehen, welche der Börsenjargon als größere oder geringere „Willigkeit" eines Marktes bezeichnet. Die Frage muß von vornherein verneint werden, da die Konjunkturforschung den Ausdruck „reagibel" in prägnantem Sinne, d. h. nur für hohe und höchste Grade der Reagibilität gebraucht, während wir ihn ohne solchen vorweg hineingelegten Inhalt für die Kennzeichnung dieses Phänomens schlechthin verwenden und dessen Grad durch einen besonderen Koeffizienten zum Ausdruck bringen.

Nach Feststellung dieser Verschiedenheit ist noch die Frage zu klären, welchem Phänomen in der Konjunkturforschung und welchem in unserer Untersuchung die Qualität der Reagibilität assoziiert wird. Wenn die erstere von „reagiblen Warenpreisen" spricht, schränkt sie den Begriff „Ware" in jenem ökonomischen Sinn ein, den wir mehrfach hervorgehoben haben: daß nämlich technologisch identische Güter, die auf verschiedenen Märkten gehandelt werden, als wirtschaftlich verschiedene Güter angesehen werden müssen. Wenn in der Konjunkturforschung z. B. der Preis von Rindertalg als ein reagibler angesehen wird, ist darunter der Preis dieser Ware im *Großhandel* verstanden. Die Assoziation erfolgt demnach gegenüber einer Preisbildung, welche durch das gehandelte Gut (Rindertalg), die Qualifikation der handelnden Parteien (Großhandel) und den Zeitpunkt ihres Zustandekommens (die zu erforschende Konjunkturperiode) determiniert ist, also durch dieselben Kriterien, welche wir für die Kennzeichnung eines bestimmten Marktes als bestimmend erklärt haben (S. 7). Es liegt also nur eine terminologische Abweichung vor, wenn die Reagibilität von der Konjunkturforschung Preisen, von uns Märkten assoziiert wird.

Schließlich darf man nicht achtlos an der Frage vorübergehen, ob die Assoziierung in beiden Fällen denselben Inhalt hat. Die Konjunkturforschung betrachtet die Reagibilität offenbar als „morphologische Eigenschaft" gewisser Preisbildungen,[2] d. h. sie gelangt nicht auf dem Wege der genetischen Methode zu ihr. Es ergibt sich hieraus mit Notwendigkeit, daß dieselben Reagibilitäten denselben Preisbildungen als *dauernde* und *unabänderliche* Eigenschaften assoziiert bleiben und die einen ohne die anderen nicht gedacht werden können, wie immer die allgemeine Preisbewegung beschaffen sein sollte, der gegenüber die ein-

[1] Eine Definition ist in der bisherigen Literatur nicht vorzufinden.

[2] Dies kann wohl aus dem vollständigen Verzicht auf jeden Versuch einer kausalen Ableitung geschlossen werden.

zelne Preisbildung reagiert. Ganz anders ist es um die Art und Weise bestellt, wie durch unsere Analyse einem Markte eine bestimmte Reagibilität assoziiert wird. Es wurde festgestellt, daß die einzelnen Marktparteien je nach ihrer Rolle als Käufer oder Verkäufer einen objektiven Antrieb, der von außenher in einem Markte eine Preisbewegung nach bestimmter Richtung hin hervorzurufen geeignet wäre, durch ihre individuelle Haltung teils freie Bahn, ja Unterstützung zu gewähren, teils Hindernisse in den Weg zu legen geneigt sind. Von der Machtverteilung zwischen Käufern und Verkäufern hängt es ab, ob, wie bald und in welchem Ausmaße sich die Preisbewegung durchsetzen wird, und diese Machtverteilung beruht wieder im Wesen auf der technischen Organisation der Märkte. Diese Organisation und damit die Machtverteilung bleibt dieselbe, ob die allgemeine Preisbewegung und damit der von außen kommende Anstoß nach oben oder nach unten gerichtet ist; *nicht* dieselben bleiben aber in beiden Fällen die Interessen der Marktparteien, und die in der Oberhand befindlichen werden, je nachdem sie Käufer oder Verkäufer sind, ihre Macht das eine Mal für, das andere Mal gegen die Preisbewegung geltend machen. Das heißt, in monopoloid, oligopolistisch oder monopolistisch von Verkäufers Seite her beherrschten Märkten wird deren Übermacht bei einer auf allgemeine Preissenkung gerichteten Tendenz Lags hervorrufen, die Reagibilität herabdrücken. Bei entgegengesetzter Tendenz, im Preisaufschwung, werden diese selben Verkäufer und Marktbeherrscher alles tun, um die Hindernisse für die Steigerung aus dem Wege zu räumen, Lags zu unterdrücken und die Reagibilität zu erhöhen. Es erfolgt hieraus, daß die Reagibilität den Märkten nicht als eine konstante, unveränderliche Eigenschaft assoziiert werden darf, sondern daß sie zumindest für jeden Markt zwei verschiedene Werte hat, nämlich den bei Preissteigerung und den bei Preissenkung; mathematisch ausgedrückt, die Preise sind nicht als Skalare, sondern als Vektoren für den Reagibilitätskoeffizienten maßgebend.

Dieser Gesichtspunkt ist der Konjunkturforschung unbekannt, sie betrachtet dieselben Warenpreise im Aufstieg als reagibel wie im Niedergange; und das mit Recht. Denn da sie als reagibel nur diejenigen Marktpreisbildungen bezeichnet, welche diese Eigenschaft im allerhöchsten Maße besitzen, in denen also keine großen Lags bestehen, keine Übermacht einzelner Marktparteien herrscht, kommt sie nie in die Lage, Reagibilitäten festzustellen und zu beobachten, deren Intensität infolge solcher einseitiger Marktbeherrschung von der Tendenz des Marktes abhängt. Wir mußten aber diesem Sachverhalte um so eher etwas ausführlicher auf den Grund gehen, als es sich hier um einen jener Fälle handelt, in denen die Resultate der auf den Krisenablauf abgestellten Untersuchung nicht ohneweiters auch auf den Aufschwung, bzw. den gesamten Konjunkturablauf angewendet werden dürfen.

Da diese Untersuchung aber in erster Linie der Krise gilt, werden wir bei der uns als Aufgabe gestellten Anordnung der Märkte nach ihrer Reagibilität ausschließlich den Grad der Reagibilität in Betracht ziehen, welchen sie in der *Preissenkung* besitzen, und im übrigen unser Bestreben hauptsächlich darauf richten, Kriterien zu finden, welche die Einordnung einer jeden durch die Erfahrung übermittelten Preisbildung in diese Skala leicht und zwanglos ermöglichen.

III. Die Gliederung der Märkte

8. Um dieser Frage gerecht zu werden, muß man eine Typisierung der verschiedenen Arten des Zustandekommens von Preisen anstreben und die so gewonnenen Typen nach dem Grade ihrer Reagibilität ordnen. Es wird sich hiebei ergeben, daß die Reihenfolge für die Abstufung dieser Reagibilität bis zu einem gewissen Grade nur schematischen Charakter haben kann und daß es möglich ist, daß im Krisenablauf das eine Mal der eine, das andere Mal der andere Typus chronologisch früher auf die Preisänderung reagiert. Solche Unbestimmtheiten kommen aber nur bei vereinzelten Markttypen vor und sie werden an geeigneter Stelle ausdrücklich gekennzeichnet werden. Im allgemeinen läßt sich eine Gesetzmäßigkeit der Reihenfolge wohl feststellen.

Wenn man eine Marktgestaltung zu finden sucht, welche der von Böhm-Bawerk gemachten Voraussetzung für die volle Geltung des Preisgesetzes bei beiderseitigem Wettbewerb möglichst nahekommt,[1] wird man nach einer Organisationsform Ausschau halten, in der Einheit der Zeit und des Ortes, Gleichmäßigkeit der umgesetzten Güter und möglichst weitgehende Publizität und Übersichtlichkeit gegeben sind. Als solche Märkte kann man die *Börsen* bezeichnen. Es scheint geboten, schon hier eine sorgfältige Scheidung zwischen der Anordnung der Märkte nach ihrer Reagibilität und der nach ihrer Stellung im Produktionsprozeß vorzunehmen. Beide Einteilungen erfolgen nach ganz verschiedenen Gesichtspunkten und es ist nur ein zufälliges Zusammentreffen, wenn gelegentlich die größere Konsumferne oder Konsumnähe, d. h. die Stellung eines Marktes als solcher höherer oder niederer Ordnung, gleichzeitig den Index dafür abgibt, wie er auf Preisveränderungen reagiert. Dies ist keineswegs allgemein der Fall, und die mit stärkster Reagibilität ausgestatteten Märkte, die Börsen, tragen keineswegs den Charakter der

[1] Böhm-Bawerk, Positive Theorie des Kapitals, I. Bd., IV. Aufl., S. 276, Fußnote 2: „Es liegt in der Natur der Sache, daß das an unserem abstrakten Schema entwickelte Ergebnis in der Praxis desto genauer erfüllt werden wird, je offener die Gesamtlage des Marktes von allen Beteiligten überblickt werden kann, also je einheitlicher und mit je größerer Publizität die Unterhandlungen geführt werden.“

größten Konsumferne. Vielmehr baut sich über ihnen eine große Reihe von Märkten auf, welche höherer Ordnung sind, wie z. B. die Organisationen für die Aufbringung der Güter, welche an den Börsen gehandelt werden, darüber hinaus aber auch die gesamten Märkte der Produktionsmittel, welche zu den an der Börse gehandelten Werten im Verhältnis von Kostengütern stehen. Während die Börsen also in der Skala der Reagibilität die höchste Ordnung bilden, ist dies hinsichtlich ihrer Stellung im Produktionsprozeß keineswegs zutreffend.

Bei den Börsen ist hier in erster Linie an Warenbörsen gedacht, Effektenbörsen und Geldmärkte haben für diese Untersuchung eine Sonderstellung, welche bereits bei Erörterung der Rolle des Kapitalisten angedeutet wurde und im nächsten Abschnitte bei der Gruppierung der auf den Märkten tätigen Wirtschaftssubjekte noch des näheren ausgeführt wird. Hier sei nur bemerkt, daß auf den Geld- und Kapitalsmärkten keine Güter, sondern Rechte umgesetzt werden, also im Sinne der bekannten Unterscheidung von Wieser keine „Preiszahlungen", sondern „Zessionszahlungen" stattfinden. Obwohl die Bewertung solcher Ansprüche auf künftiges Einkommen, welche umgesetzt werden, infolge des Börsencharakters dieser Märkte mit besonderer Promptheit auf die Ursachen reagiert, durch welche die Größe dieser Einkommensansprüche bestimmt wird, liegt die eigentliche Quelle dieser Einkünfte doch in Preisbildungen, die auf anderen Märkten stattfinden. Die Bewertung der Aktien einer Maschinenfabrik beruht auf der Preisbildung auf dem Markte der Roh- oder Hilfsstoffe und dem Arbeitsmarkte einerseits, auf der Preisbildung im Absatze von Maschinen anderseits. Die Registrierung dieser Einkommensveränderungen an der Effektenbörse hat nur deklaratorischen und nicht konstitutiven Charakter.

9. Als zweite Gruppe von Märkten mit bereits geringerer, aber noch immerhin hoher Reagibilität wären solche zusammenzufassen, in denen Käufer und Verkäufer die *freie Wahl* unter einer größeren Anzahl *von Kontrahenten* haben, der Wettbewerb sich daher weitestgehend auswirken kann. Solcher Märkte, in denen „Macht" wenig, das „ökonomische Gesetz" aber sehr weiten Spielraum hat, gibt es mehrere. Hiezu gehört vor allem der internationale Arbitragehandel, wie er in Baumwolle, Getreide, Metallen und den meisten Stapelgütern getätigt wird. Er schließt sich ziemlich eng an den Börsenhandel an, und es ist die Regel, daß zum mindesten einer der beiden Kontrahenten direkt oder durch berufsmäßige Vermittler die Möglichkeit zur Glattstellung an einer oder mehreren Warenbörsen besitzt. Sehr häufig werden die Geschäfte auch nach den Usancen einer bestimmten Börse abgeschlossen. Immerhin ist eine sorgfältige Scheidung gegenüber dem echten Börsenhandel vorzunehmen, da weder die Einheit der Zeit und des Ortes vorliegt, noch Typisierung

der Ware oder Einheitskurse erforderlich sind. Auch die volle Kenntnis und Ausnützung der Marktverhältnisse ist hier nicht möglich, da ja jede Partei nur im Rahmen der ihr auf Initiative der anderen Marktpartei oder durch ihre eigenen Bemühungen zugänglichen Offerten operieren kann.

Ähnliche Verhältnisse herrschen auch im *Großhandel*, der nicht international, sondern territorial beschränkter Natur ist. Naturgemäß erleidet durch die lokale Begrenzung die Auswahl der Kontrahenten und auch die Reagibilität gegenüber der Gestaltung der Weltmarktpreise eine Einbuße. In die Gruppe der Märkte mit freier Kontrahentenwahl gehören ferner die meisten *Fabrikationsprozesse* höherer Stufe mit typisierten Rohstoffen oder Produkten, wie die Textil-, Metallindustrie, die chemischen Großbetriebe usw.

Ein Markt mit freier Kontrahentenwahl, der in der Reagibilität unmittelbar nach den Börsen rangiert, ist auch der der *nicht organisierten Arbeit*, und zwar in dem erweiterten Sinn, der in Abschn. 13 ausgeführt wird; vorausgesetzt, daß auch auf der Arbeitgeberseite keine den Wettbewerb einschränkenden Verabredungen, ferner keine Wanderungsverbote und dergleichen bestehen.

Schließlich gibt es noch in der Sphäre des Detailhandels gewisse Preisbildungen, welche in diese Gruppe einzuordnen sind. Es handelt sich hiebei um Anschaffungen hauptsächlich dauerhafter Güter, welche von solcher wirtschaftlicher Bedeutung für den Haushalt des kaufenden Publikums sind, daß die beim normalen Kleinhandel bestehenden örtlichen und zeitlichen monopolistischen Vorteile der Lieferanten in Wegfall kommen. Wenn jemand z. B. ein Klavier, ein Automobil, einen teueren Pelzmantel kaufen will, wird er die Mühe nicht scheuen, den Rahmen der ihm zugänglichen Bezugsquellen soweit als möglich zu spannen und unter diesen das günstigste Angebot auszusuchen. Die Verkäufer ihrerseits tun durch Reklame und Propaganda ihr möglichstes, um von dem Käufer in Konkurrenz gezogen zu werden, so daß der Markt möglichst frei gestaltet wird. Schließlich gehören noch in diese Gruppe Auktionen und Submissionen, deren Preise gleichfalls große Reagibilität aufweisen.

10. Während die im vorhergehenden angeführten Markttypen das Prinzip des freien Wettbewerbes in sehr starkem Maße zum Ausdruck bringen, gelangen wir nun zu einer Gruppe von Märkten, in denen ein mehr oder minder starker *monopoloider* Einschlag vorherrschend ist. Hier müssen wir die Einschränkung wiederholen, welche wir an die Spitze dieser Aufzählung gestellt haben: nämlich, daß bei gewissen Markttypen nicht allgemein feststellbar ist, in welcher chronologischen Reihenfolge sie von der Preisbewegung erfaßt werden, so daß also die Stellung einer solchen Gruppe, z. B. der der Märkte mit monopoloidem

Einschlag, innerhalb der gesamten Skala feststeht, nicht aber die Reihenfolge der einzelnen Markttypen innerhalb dieser Gruppe. Hieher gehört in erster Linie der *Detailhandel*, und zwar besonders der mit leicht verderblichen Waren, zu denen die meisten des täglichen Bedarfes gehören, ferner das Handwerk usw. Die Eigenheiten der Preisbildung in dieser Sphäre sind von der Literatur in ausgiebigem Maße behandelt worden,[1] so daß sich nähere Ausführungen erübrigen, wie auch überhaupt hier von beschreibenden Darstellungen wenn irgend möglich abgesehen wird. In diese Gruppe gehört ferner der Vertrieb von sogenannten „Markenartikeln", obwohl hiebei in der Regel die Preisbestimmung der Mitwirkung des Verkäufers entzogen ist und meist durch den einem Markte höherer Ordnung angehörenden Produzenten erfolgt. Bei diesem Typus, der sich stark der nächsten Gruppe (echte Monopolmärkte) nähert, spielen indes die Surrogate eine große Rolle, und der direkte Kontakt mit dem kaufenden Publikum gibt dem Verkäufer immerhin eine gewisse Möglichkeit, bei der Absatz- und Preisgestaltung mitzuwirken.[2]

11. An letzter Stelle der Skala, also mit dem geringsten Index der Reagibilität, rangieren die wirklichen Monopole. Auch hierüber hat der theoretische wie der historische Flügel der Wirtschaftswissenschaft eine so reiche Literatur[3] zutage gefördert, daß wir uns durchaus auf jene Unterscheidungen beschränken können, welche für unsere Untersuchung nützlich und notwendig sind. Den Kartellen, Trusts und Preiskonventionen sowie den mit gleicher Wirkung auf die Warenmärkte ausgestatteten Schutzzöllen und Einfuhrbeschränkungen wird auf der anderen Seite der *organisierte Arbeitsmarkt* gegenüberzustellen sein, welcher infolge der Regelung der Löhne und Arbeitsbedingungen durch die Gewerkschaften und die soziale Gesetzgebung monopolistischen Charakter erhalten hat. Allerdings herrscht in diesem Markte eine Besonderheit, die ihn von den anderen Monopolen unterscheidet. Die Preisbestimmung wird hier nämlich nicht von dem Verkäufer der Leistungen, dem Arbeiter selbst, vorgenommen, sondern einer Standesvertretung, deren Interessen

---

[1] Z. B. die sehr beachtenswerten Ausführungen von ZUCKERKANDL des Artikels PREIS im Handwörterbuch der Staatswissenschaften, IV. Aufl., VI. Bd. (im Unterabschnitt „Die Detailpreise", S. 1007ff.), ferner „Untersuchungen über Preisbildung", Schriften des Vereins für Sozialpolitik, Bde. 139, 140, 142/146 u. a. m.

[2] Diese besondere Konstellation erfährt eine ausführliche Behandlung in dem eben erschienenen umfangreichen Buche „Price cutting and price maintenance" von SELIGMAN und LOVE (New-York and London, 1932), das auch eine Reihe anderer Probleme der Preisbildung erörtert.

[3] Z. B. theoretische Ableitungen: COURNOT, Recherches mathématiques etc., Paris 1838, EDGEWORTH, Teoria pura del monopolio, Giornale degli Economisti, Roma 1897, S. 421ff., ferner HANS MAYER, Artikel „Monopol-

keineswegs mit dem monopolistischen Optimum zusammenfallen müssen. Politische Führer und Gewerkschaftsleiter sind es, deren Entschlüsse zur Herabsetzung derartiger Löhne in der Krise notwendig sind, und es ist keineswegs sicher, daß die von ihnen verfolgten Ziele sie nicht häufig veranlassen werden, den Arbeitslohn anstatt auf den COURNOTschen Punkt, d. h. auf das wirtschaftliche Optimum, auf ein hievon verschiedenes politisches Optimum zu verlegen. Sicher aber werden solche nicht rein ökonomische Tendenzen geeignet sein, den Lag der Löhne noch zu vergrößern und nicht, ihn zu verkürzen.

In diesem Zusammenhang ist auch die Arbeitslosenunterstützung zu erwähnen, welche für die entlassenen Lohnempfänger eine zwar nicht vollwertige, aber kostenlose (d. h. mit keinem Aufwand an Arbeitsleid verbundene) Substitution des Lohnes darstellt. Die Unbeschäftigten werden hierdurch der — andernfalls zwingenden — Notwendigkeit überhoben, die bestehenden Löhne zu unterbieten und auf diese Weise deren monopolistische Festsetzung durch die Gewerkschaften zu brechen. Auch die Arbeitslosenunterstützung trägt daher in erheblicher Weise zur Höhe und Dauer des Lag der Löhne bei.

Eine gewisse Sonderstellung in der Monopolgruppe nehmen die sogenannten *Public utilities* ein, Unternehmungen für die Lieferung von elektrischem Strom, Gas, Wasser, ferner Verkehrsmittel wie Eisen- oder Straßenbahn, Post, Telegraph und Telephon. Bei der Preisbildung der Leistungen dieser Unternehmungen tritt der Monopolcharakter um so stärker hervor, als es sich in der Regel um dringenden Bedarf des täglichen Lebens handelt und die Beschaffung von Surrogaten schwierig, mitunter sogar unmöglich ist, da hiezu meistens größere Investitionen erforderlich wären (z. B. Umstellung der Beleuchtung von Elektrizität auf Petroleum). Auch hier ergibt sich ein besonders großer Lag im krisenmäßigen Preisabbau. Die einseitig vom Verkäufer festgesetzten Preise werden häufig als „Tarife" bezeichnet.

Gleichfalls in die Gruppe der Monopole gehört schließlich eine Klasse von Preisbildungen, die mit besonderen Merkmalen ausgestattet sind: es sind dies *Steuern*, Gebühren, soziale Abgaben u. dgl. Sie sind insoferne Monopole, als die Bestimmung ihrer Höhe ausschließlich durch die Empfänger dieser Zahlungen, die betreffenden Behörden, bzw. die Legislative erfolgt, wodurch an und für sich ein sehr großer Lag ermöglicht ist. Hier herrscht eine so weitgehende Starrheit der Preise, daß es eigentlich kühn ist, von einem „Markte" zu sprechen, obwohl für die Zwecke dieser Untersuchung diese Zahlungen zweifellos als Preiszahlungen angesehen

preis" im Hdwb. f. Staatsw., IV. Aufl., VI. Bd., S. 1026ff. u. a. m. Über Kartelle LIEFMANN, *Kartelle und Trusts*, 4. Aufl., Stuttgart 1920, ferner Monatsschrift „Die Kartellrundschau", eine Unzahl von Enquetenberichten und Denkschriften und eine fast unübersehbare Spezialliteratur.

werden müssen.[1] Hiezu kommen noch Umstände, welche wir bei der Aufzählung und Gruppierung der einzelnen Marktparteien des näheren erörtern werden, die eine zusätzliche Verzögerungswirkung auf die Preisgestaltung zur Folge haben.

Unsere Einteilung der Märkte nach ihrer Reagibilität ist demnach folgende:

I. Börsen.
II. Märkte mit freier Kontrahentenwahl.
III. Monopoloide Märkte: a) Detailhandel,
b) Handel mit Markenartikeln.
IV. Monopolmärkte: a) kartellierte Märkte,
b) organisierter Arbeitsmarkt,
c) Tarife.
d) Steuern usw.

IV. Gruppierung der Preisempfänger (Verkäufer)

12. In dem Verfahren, eine Typisierung der verschiedenen Preisempfänger auf den verschiedenen Märkten zu erzielen, müssen wir uns vor Augen halten, was bereits an dem Beispiel des Kapitalisten ausgeführt wurde. Man kann sich nicht damit begnügen, die Wirtschaftssubjekte schlechtweg in die eine oder andere Klasse einzuteilen, da doch jeder wirtschaftende Mensch gleichzeitig Preisempfänger und Preiszahler ist. Selbst derjenige, der ausschließlich seine Renten verzehrt, ist Verkäufer derjenigen Güter, welche mit dem von ihm angelegten Kapital erzeugt werden, wer auf Borg lebt, ist Verkäufer von Zukunftsgütern, die in der Kaufkraft der von ihm versprochenen künftigen Zahlung bestehen. Anderseits ist jeder Wirtschafter Käufer und Preiszahler der von ihm benötigten Güter seines persönlichen oder Familienbedarfes und gegebenenfalls derjenigen originären Naturkräfte und Produktionsmittel, die er verarbeitet, bzw. als Händler weitergibt. Unsere Typen von Marktparteien werden daher keine solchen sein, welche nur die ihnen nach ihrem Beruf oder ihrer Klassenzugehörigkeit zugeschriebenen Tätigkeiten entfalten, sondern die physischen Personen, aus denen sich die Wirtschaftsgesellschaft zusammensetzt, werden diesen Typus nur als ihr hervorstechendstes Merkmal tragen, gleichzeitig aber auch die Eigenschaften eines der anderen Typen in mehr oder minder hervorragendem Maße verkörpern. So wird z. B. ein Landwirt nach

[1] Pantaleoni, Erotemi di Ecconomia, Bari 1925, Vol. 10, P. 20; „Chi dice ‚imposta‘ dice prezzo dell'apporto dello Stato.“ Ebenda, pag. 220: „Allora la coazione apparisce agli occhi di un economista, quale *un prezzo* che il dissenziente accetta e trova conveniente per sfuggire a un male maggiore, artificialmente creato da coloro che volevano il suo assenso.“

seiner Einordnung in den Produktionsprozeß in der Gruppe der Urproduzenten seinen Platz finden, er ist aber gleichzeitig Zahler von Arbeitslöhnen auf dem organisierten und nicht organisierten Arbeitsmarkt, letzteres für die Wanderarbeiter, ferner von Tarifen für Post, elektrischen Strom und Fracht, schließlich auch von Steuern und sozialen Abgaben usw.

Wenn wir uns aber vorläufig auf eine Gruppierung der Wirtschaftssubjekte nach ihrer Funktion im gesellschaftlichen Produktionsprozeß beschränken, werden wir zu folgender Einteilung gelangen:

A. Urproduzenten.
B. Nicht organisierte Lohnempfänger.
C. Großhändler und Industrielle.
D. Detailhändler, Handwerker.
E. Erzeuger von Markenartikeln.
F. Monopolisten: a) Produzent und Händler,
b) organisierte Lohnempfänger,
c) Tarifempfänger.
G. Behörden: Empfänger von Steuern, Gebühren, sozialen Abgaben.

Es seien zunächst diese einzelnen Typen erörtert, soweit dies nicht schon bei der Motivierung der Einteilung der Märkte geschehen ist, wobei wieder beschreibende Darstellungen nach Möglichkeit vermieden werden sollen.

Unter Urproduzenten versteht man die mit der Verfügung über originäre Naturkräfte ausgestatteten Subjekte, demnach hauptsächlich solche, welche Grund und Boden, Bergwerksrechte u. dgl. besitzen. Ihr Bruttoeinkommen besteht daher in Bodenrenten. Mit Ausnahme der Kleinbauern, welche weitgehende Autarkie besitzen, ist ihre Gruppe überwiegend von der börsenmäßigen Bewertung der Bodenprodukte abhängig; erzielen sie doch sogar erheblich weniger als die Börsenpreise, da diese schon mit erheblichen Mehraufwendungen und Zwischengewinnen gegenüber den Preisen belastet sind, die der Bodenbesitzer erzielt. Der kleine Grundbesitz wird von der Preissenkung in der Krise nur insoferne getroffen, als er mit seinen Produkten als Verkäufer auf den Markt geht; soweit er autark ist, verspürt er von der Preisbewegung naturgemäß nichts. Wo die Urproduktion in großem Stile spezialisiert auf ein einziges oder wenige Produkte betrieben wird und keinerlei Selbstversorgung herrscht, kommt die Preissenkung zuerst und in schärfster Form zum Ausdrucke. Das erste Krisensignal besteht in dem Preisrückgang der großen Stapelgüter, Getreide, Holz, Gummi, Baumwolle, Jute, Bergwerksprodukte usw. Hier könnte man von einem Lag mit dem Koeffizienten 0 sprechen.[1]

---

[1] Aus den bereits mehrfach angeführten Gründen ist für den Stand der

13. Gleichfalls in die Klasse der über originäre Produktionskräfte Verfügenden gehören die nicht organisierten Lohnempfänger. Die große Ausbreitung der sozialen Bewegung hat diesem Stand, welcher zur Zeit der Klassiker das Gebiet des Arbeitsmarktes fast vollständig ausfüllte, in den industrialisierten Ländern viel von seiner Bedeutung genommen. In diesen sind zunächst auch heute noch Hauspersonal, landwirtschaftliche Wanderarbeiter und gewisse Kategorien von Taglöhnern in diese Kategorie einzureihen. In den Kolonien und überseeischen Ländern jedoch, deren Produktionsaufbau noch im Werden ist, liefert diese Klasse das Hauptkontingent der Lohnempfänger. Aber auch noch aus einem anderen Grunde ist sie für unsere Gedankenführung nicht unwichtig, denn für den hier vorliegenden Zweck müssen wir in diese Gruppe die Träger zahlreicher freier Berufe, wie Ärzte, Anwälte, Künstler, Privatlehrer einreihen, deren Einkommen von einer Preisbildung abhängt, welche überwiegend durch freien Wettbewerb bestimmt wird. Schließlich gehören in diese Gruppe noch die „echten Unternehmer"[2], welche entweder kein eigenes Kapital besitzen oder die zwar durch Kapitalbesitz in ihrer Einkommensbildung von der Preisentwicklung der Güter abhängen, in deren Produktion ihr Kapital investiert ist, dabei aber für ihre Tätigkeit „Unternehmerlohn" beziehen. Auch deren Einkommen, insoweit es aus dieser Quelle fließt, wird auf dem Markte der nicht organisierten Arbeit gebildet und im Krisenverlauf daher einer sehr raschen Senkung unterworfen.

Trotzdem, wie erwähnt, die nicht organisierten Lohnempfänger ökonomisch der Klasse angehören, welche über elementare Produktionskräfte verfügt, scheint es doch notwendig, in der Skala der Reagibilität den Markt ihrer Löhne gesondert zu behandeln. Die Preisbildung der

---

Bankiers und der berufsmäßigen Besucher von Effektenbörsen in unserer Gliederung kein Raum, da sie nur Zessionszahlungen und keine Preiszahlungen leisten. Ihr Einkommen hängt in der Regel von der Größe der Umsätze, der Häufigkeit und Amplitude der Preisschwankungen und ihrer eigenen Geschicklichkeit ab. Es ist daher im Anfange einer Krise leicht möglich, daß die vehementen Preisverschiebungen einzelnen erhöhte Einkommensmöglichkeiten gewähren; im weiteren Krisenverlauf wird die Schrumpfung der Preise und der allgemeine Rückgang des Wirtschaftsvolumen wohl auch bei ihnen einkommensmindernd wirken.

[2] Schumpeters echter Unternehmertypus. Theorie der wirtschaftlichen Entwicklung, Leipzig 1912, S. 297ff., ferner schon vorher S. 290: „Niemals ist der Unternehmer der Risikoträger. In unseren Beispielen ist das ganz klar. Hier kommt der Kreditgeber zu Schaden, wenn die Sache mißlingt. Denn obgleich eventuelles Vermögen des Unternehmers haftet, so ist doch ein solcher Vermögensbesitz nichts Wesentliches, sondern nur etwas Zufälliges. Aber auch wenn der Unternehmer sich selbst aus früheren Unternehmergewinnen finanziert oder wenn er Produktionsmittel seines statischen Betriebes beisteuert, trifft ihn das Risiko als Geldgeber oder Güterbesitzer, nicht aber als Unternehmer."

Leistungen von Urproduzenten erfolgt nämlich überhaupt nur hinsichtlich der umfangreichsten und bedeutungsvollsten Güter durch Börsenorganisationen, doch ist dies nicht ausnahmslos der Fall. Der Besitzer einer Mineralquelle wird in der Regel die — für ihn günstigeren — Marktbedingungen des Markenartikels oder Monopols genießen, der eines Graphit- oder Magnesitbergwerkes die des Großhandels. Wir haben in unseren Ausführungen wiederholt den Vorbehalt gemacht, daß ihnen die Absicht zugrunde lag, ein auf empirischer Regelmäßigkeit, nicht aber auf strikter Gesetzmäßigkeit beruhendes Schema zu schaffen, so daß die Vernachlässigung solcher Grenzfälle gerechtfertigt erscheint. Die Preisbildung der Leistungen nicht organisierter Lohnempfänger — welcher Begriff oben abgegrenzt ist — erfolgt nun derzeit nur in seltenen Ausnahmsfällen börsenartig, wie etwa die Aufdingung von Knechten und Mägden auf bestimmten Märkten. In der Regel vollzieht sich diese Preisbildung vielmehr in der Art der Märkte mit freier Kontrahentenwahl, so daß wir diesen Lohnempfängern eine Sonderstellung zwischen Urproduzenten und Großhändlern-Fabrikanten einzuräumen genötigt sind.

14. Großhändler und Fabrikant. Es braucht wohl nicht nochmals hervorgehoben zu werden, daß für unsere Untersuchungen kein Unterschied zwischen der technologischen Produktion und dem Handel, d. h. der Beförderung von Gütern von einem Markte auf den anderen durch Rechtsgeschäfte, gemacht werden darf oder kann. Die Stellung des Großhändlers und Großproduzenten im Markte ist eine solche, daß er seine Waren zwar nicht immer zu den Börsenpreisen kauft und absetzt, diese aber doch in der Regel für die Preisgestaltung bestimmend und richtunggebend sind. Er wird oft unter den Börsenpreisen einkaufen und zu diesen verkaufen, z. B. als Aufkäufer der Ernte auf den einzelnen Gütern, oder er wird zu den Börsenpreisen einkaufen und über diesen verkaufen, wie es die großen hauptstädtischen Getreidehändler gegenüber den Detailhändlern der Provinz tun. Der günstigste Fall für ihn wird darin bestehen, daß er außerhalb der Börse beim Urproduzenten kauft und direkt an den Detailhändler absetzt, in welchem Falle er beide Zwischengewinne in seiner Person vereinigt. Gegenüber seinen Abnehmern befindet sich der Großhändler und -produzent in der Regel in einer günstigeren Stellung, als sie der Markt mit freier Kontrahentenwahl aufweist; denn wenn auch der Detailhändler oder Handwerker für seine Warenbezüge theoretisch die freie Wahl zwischen einer großen Anzahl von Lieferanten hat, werden in der Regel doch Umstände vorliegen, welche diese Wahl einschränken, wie ein bereits bestehendes Kundschaftsverhältnis, das dem bisherigen Lieferanten eine Vorzugsstellung im Wettbewerb durch Erfahrung in der Assortierung der Ware und persönlichen Behandlung des Kunden verleiht, Kreditverbindungen und

Imponderabilien. In vielen Fällen wird der Großhändler eine eingetretene Preisermäßigung durch gewisse Zeit ganz oder zum Teil lukrieren können, seine Verkaufspreise werden bereits einen erheblichen Lag aufweisen.

15. Kleinhändler und Handwerker. Die eben angeführten Gründe, infolge deren der Großhändler häufig von der Senkung der Börsenpreise durch die Krise profitieren kann, haben zur Folge, daß dessen Abnehmer, die Angehörigen dieser Gruppe, häufig erst mit einiger Verspätung zu Preisen einkaufen können, in denen sich die Krise bereits ausdrückt. Aber als Verkäufer stehen Detailhändler und Handwerker ihrerseits einer gänzlich unorganisierten Käuferklasse gegenüber, welche aus den bekannten und mehrfach bereits angeführten Gründen auf ihren Lieferanten angewiesen ist. Wenn diese Verkäufer daher einmal in der Lage sind, die Nachfüllung ihres Lagers zu gesunkenen Preisen vorzunehmen, werden sie durch verhältnismäßig sehr lange Zeit ihren Abnehmern gegenüber die alten Preise aufrechterhalten können und sie nur zögernd und schrittweise abbauen. Es ist bekannt, daß die deutsche Regierung bei ihrer Preissenkungsaktion im Jahre 1931 gerade bei dieser Klasse, welche ihre politische Vertretung in der Wirtschaftspartei gefunden hatte, auf die größten Schwierigkeiten stieß. Ebenso muß festgestellt werden, daß die Detailhändler im Verlauf der derzeitigen Krise, zu einer Zeit, wo fast alle anderen Bevölkerungsklassen starke Einkommenseinbußen erlitten, vielfach sehr bedeutende Gewinne erzielt haben und noch erzielen.[1]

16. Der monopolistische Einschlag, den man bei Kleinhandel und Handwerk feststellen kann, ist in noch stärkerem Maße bei den sogenannten *Markenartikeln* zu beobachten. Es handelt sich dabei um eine Preisbildung, welche sich stark dem eigentlichen Monopol nähert. Charakteristisch für den Preis von Markenartikeln ist, daß seine Festsetzung in der Regel vom Produzenten, also einem Angehörigen eines Marktes höherer Ordnung, vorgenommen wird und die Händler, welche die Waren an das Publikum verteilen, an die Preise gebunden sind, also von rechtswegen keinen Einfluß auf die Preisbestimmung haben. Die Erwägungen, welche Ermäßigung des Preises zur Folge haben können, werden sich daher in der Regel nicht bei diesem *Verkäufer* selbst, sondern beim *Erzeuger* einstellen. Dieser etwas ungewöhnliche Vorgang und die Un-

[1] Die Erträgnisse der Woolworth Company (Hauptunternehmen in den U. S. A.) waren in den Jahren

1926	per	share	$	2,89	
1927	„	„	„	3,62	
1928	„	„	„	3,63	
1929	„	„	„	3,66	
1930	„	„	„	3,56	
1931	„	„	„	3,80	(geschätzt)

möglichkeit, die Erzeuger von Markenartikeln vollständig befriedigend der Gruppe der Kleinhändler oder der Monopolisten zuzuweisen, dürfte genügend Grund sein, sie als selbständige Gruppe hier anzuführen. Bemerkenswert und maßgebend für die Preisentwicklung der Markenartikel und das Einkommen ihrer Verfertiger ist auch die Tatsache, daß hier die Surrogate (Ersatzgüter) von besonderer Bedeutung sind. In einzelnen Ländern, in denen das Publikum gewohnheitsmäßig besonders stark auf Reklame und Propaganda reagiert, wie in England und den Vereinigten Staaten, haben die Markenartikel ganz besondere Bedeutung. In vielen Fällen bedeuten die eingeführten Marken nur einen „good will", das heißt einen Vorsprung im Wettbewerbe und bedingen einen erheblichen Überpreis gegenüber sonst gleichwertigen Gütern minder beliebter Marken. Sehr viele Güter des Luxusbedarfes sind Markenartikel, woraus erklärlich ist, daß unter den Faktoren der Nachfrageelastizität solcher Waren die Kaufkraft des Publikums eine besondere Rolle spielt.

17. Die Gruppe der echten *Monopolisten* genießt naturgemäß den größten Lag, sie vermag sich der Preissenkung am längsten und erfolgreichsten zu widersetzen. Wir wollen den Monopolisten als Marktpartei nur nach den Richtungen hin zum Gegenstande unserer Untersuchung machen, welche für unser Problem der Einkommensveränderung in der Krise von Belang sind. Zu diesem Zwecke sei die Darstellung auf jene Typen von Monopolisten beschränkt, durch die eine bestimmte Marktgestaltung geschaffen wird und jene Monopolisten werden beiseite gelassen, welche in allen Märkten gelegentlich auftreten können. Ist es doch selbst an Börsen, deren Preisbildung die freieste und gleichsam demokratischeste ist, möglich, daß die Herrschaft über das Angebot zeitweilig ganz in die Hände einer Marktpartei oder einer Gruppe von solchen gerät (Corner, Schwänze). Solche Tatbestände indessen, welche nicht zum regelmäßigen Wirtschaftsablauf gehören, wollen wir beiseite lassen; in diesem Sinne werden zwei Hauptgruppen von Monopolisten zu unterscheiden sein, von denen die erste drei Typen umfaßt, die im nachstehenden aufgezählt werden.

Der erste dieser Typen ist das reguläre *Erzeugungs-* oder *Verkaufsmonopol*, die dauernde Herrschaft über das Angebot an bestimmten Waren. Es ist nicht möglich, die Eigenschaft als Monopolist mit der Stellung eines Wirtschaftssubjektes innerhalb der Vielstufigkeit des arbeitsteiligen Produktionsapparates irgendwie in Zusammenhang zu bringen. In einer Zeit, in der die ganze Wirtschaft mit Kartellen, Preiskonventionen und Vertrustungen durchsetzt ist, beginnt die monopolistische Preispolitik schon beim Urproduzenten (Kupfer, Zucker usw.) und endigt im Kleinhandel (Tabak, Zündhölzchen usw.).

18. Die zweite Untergruppe bilden die *organisierten Lohnempfänger*, denen durch Gewerkschaftslöhne, kollektivvertragliche Arbeitsbedin-

gungen, Dienstpragmatiken, Arbeiterschutzgesetzgebung usw. die Vorzugsstellung des Monopolisten gegeben ist. Der Schutz, den das Einkommen dieser Klasse genießt, geht jedoch in vielen Fällen noch weit über die Marktbeherrschung des Monopolisten hinaus. Denn dieser hat zwar den Vorteil, daß alle, die kaufen, den Monopolpreis bezahlen müssen; wenn sich die Abnehmer aber des Kaufes enthalten, besitzt er kein Machtmittel, sie zur Abnahme zu zwingen. In dem „lieber mit einem kleinen Vorteil, als gar nicht tauschen" liegt ja der subjektive Faktor, der auch den Monopolpreis der Marktgestaltung anpaßt und zu dessen Senkung führen kann. Anders beim organisierten Lohnempfänger. Wenn der monopolistische Lohn zu hoch ist und der Arbeitgeber daher auf die Arbeitsleistung verzichten möchte, hat er in vielen Fällen erhebliche materielle Opfer — Abfertigungen, Ruhegehälter usw. — zu erbringen. Auch die Beiträge zur Arbeitslosenunterstützung sind hieher zu rechnen, wenngleich zwischen der einzelnen Entlassung eines Angestellten und der Höhe der vom individuellen Unternehmer zu zahlenden Beiträge nur eine entfernte Kausalität besteht. Die Höhe der direkten Opfer, welche beim Verzicht auf die Fortsetzung der Arbeitsleistung vom Unternehmer gebracht werden müssen, sind oft höher als der Verlust, der durch die Fortsetzung für geraume Zeit erwächst. Indolgedessen werden viele an sich unrationelle Dienstverhältnisse aufrechterhalten und der Druck auf die Lohnhöhe verringert, was wieder eine Vergrößerung des Lag zur Folge hat.

19. Der dritte Typus dieser Gruppe wird durch die sogenannten „*Public-utility-Unternehmungen*" gebildet, zu denen wir auch Transport- und Verkehrsunternehmungen aller Art rechnen. Solche können infolge ihrer großen Anlagekosten in aller Regel nur dort entstehen, wo ihnen auf lange Zeit ein ziemlich ausschließliches Monopol zugesichert ist. Da bei der Aufzählung der Märkte über die Preisbildung dieser Gruppe bereits das Erforderliche gesagt wurde, genügt es, die eine oder andere Ergänzung über einzelne charakteristische Eigenschaften der Träger dieser Monopole zu machen. Sie sind in der Regel keine physischen Personen und nehmen eine eigenartige Sonderstellung zwischen privatrechtlichen und öffentlichrechtlichen Korporationen ein. Mit Rücksicht auf den ihnen verliehenen Monopolcharakter und auf die bereits erwähnte Tatsache, daß die Bevölkerung in sehr großem Maße auf ihre Leistungen angewiesen ist,[1] haben sich Staat, Länder und Gemeinden vielfach eine Tarifhoheit vor-

---

[1] Für die besondere Widerstandskraft, welche Absatzmenge und Preise gerade auf diesem Gebiete besitzen, ist auch die eigentümliche Art verantwortlich, wie sich häufig hier der Absatz vollzieht. Wer das elektrische Licht einschaltet, den Wasserhahn aufdreht oder den Gasofen brennen läßt, hat nicht im gleichen Maße das Gefühl, einen Kaufakt zu setzen wie beim Erwerb eines Gegenstandes im Laden.

behalten, sind mitunter auch durch Sondersteuern, Gewinnbeteiligung, häufig auch durch Kapitalspartizipation und delegierte Funktionäre an der Gebarung interessiert. Hieraus ergibt sich noch über den Monopolcharakter hinaus eine gewisse technische Schwerfälligkeit in der Verfügung von Tarifänderungen, welche eine weitere Vergrößerung des Lag zur Folge zu haben pflegt. Die Erfahrung lehrt, daß gerade die Public-utility-Unternehmungen in schweren Krisen ihren Absatz, aber auch oft ihr Einkommen verhältnismäßig am besten behaupten.[1]

20. Bereits bei der Gliederung der Märkte wurde auf das Gebiet der *Steuern*, Gebühren, sozialen Abgaben (insofern sie nicht der Lohnsumme zuzurechnen sind) usw. hingewiesen. Diese Leistungen, mögen sie nach dem Prinzip der mittelbaren oder unmittelbaren Entgeltlichkeit zu entrichten sein, sind sicherlich nur als Preiszahlungen zu werten.[2] Die Eigenart der umlageberechtigten öffentlichrechtlichen Institutionen, welche diese Leistungen festsetzen und vereinnahmen, bringt es mit sich, daß sich bei diesen Preisen die Ursachen geradezu häufen, welche eine besondere Starrheit der Ansätze hervorrufen, ja sogar manchmal eine der allgemeinen Preissenkung zuwiderlaufende Tendenz zur Steigerung auslösen. Als solche Ursachen sind anzusehen: 1. der zweifellose Monopolcharakter, 2. die Schwerfälligkeit, der Konservativismus und die Machtgier der Bureaukratie, welch letztere sich einer Verminderung der Gelder widersetzt, die für die Ausgabenwirtschaft zur Verfügung stehen, 3. Unverständnis, demagogische Tendenzen und politische Urteilslosigkeit, mitunter auch grundsätzliche Feindschaft gegen Kapital und Unternehmertum in den Kreisen der die Legislative beherrschenden Berufs-

[1] Der scharfe Einnahmen- und Ertragsrückgang der *Eisenbahnen* in der gegenwärtigen Krise ist nur auf deren zeitliches Zusammentreffen mit einem exogenen Faktor zurückzuführen, als der das erfolgreiche Anwachsen des Wettbewerbes durch das Automobil anzusehen ist. Dagegen war das net income von 24 Public utilities, d. h. Gas, Elektrizitäts- und Wasserwerken in den Vereinigten Staaten (nach Standard Statistics):

	Mill. Dollar	Indexziffern 1929 100
1927	266	67
1928	336	85
1929	397	100
1930	407	103

[2] Zumindest für den hier vorliegenden Zweck. Über die Frage, ob die öffentlichen Abgaben vom staatswirtschaftlichen Standpunkt als Preise zu betrachten sind, existiert eine umfangreiche Literatur seit Adam Smith. Vgl. Sax, Grundlegung der theoretischen Staatswirtschaft, Wien 1887, S. 48ff., ferner de Viti di Marco, Il carattere teorico dell' economia finanziaria, Roma 1888. In neuerer Zeit ist ein Anhänger der „Kauftheorie", Lindahl, Die Gerechtigkeit der Besteuerung, Lund 1919, S. 32ff., 78ff. und besonders S. 85ff.

politiker,[1] 4. Ausfall von sonstigen Einnahmen durch die Krise und auf demselben Grunde beruhende Subventionsansprüche seitens einzelner Bevölkerungsklassen (z. B. der Landwirtschaft), 5. die technische Schwerfälligkeit des Behörden- und Gesetzgebungsapparates, der bei Änderungen dieser Lasten in Bewegung gesetzt werden muß. Diese Vielfältigkeit der den Preisabbau verzögernden Momente läßt es gerechtfertigt erscheinen, dieser Gruppe von Preisempfängern den letzten Platz in der Skala einzuräumen.

V. Dieselben Wirtschaftssubjekte als Preiszahler (Käufer)

Gegenüberstellung beider Funktionen

21. Im vorhergehenden Kapitel wurde dargelegt, auf welchen Märkten bestimmte Berufsklassen regelmäßig als Verkäufer (Einkommensempfänger) auftreten, wobei die Art und Weise, wie diese Subjekte in der arbeitsteiligen Produktion tätig sind, für ihre Stellung maßgebend war. Außer ihrer Tätigkeit als Produzenten sind aber alle Wirtschafter auch Konsumenten (bzw. Steuerzahler usw.), so daß sie als „Käufer“ auf allen Märkten der von uns aufgestellten Typen vorkommen, auf denen die von ihnen benötigten Güter gehandelt werden. In dieser Eigenschaft ist ihr Budget auch von den Preisen abhängig, die sie auf diesen Märkten zu zahlen haben, und ihr Realeinkommen wird eine Resultierende aus dem Nominaleinkommen sein, das sie auf dem Markte erzielen, auf dem sie beruflich tätig sind und den wir als ihren „Hauptmarkt“ bezeichnen wollen, sowie aus der Gütermenge, welche sie auf den übrigen Märkten (den „Nebenmärkten“) zu kaufen in der Lage sind, und von den Preisen, die sie dafür zu bezahlen haben.

Wenn man nun versucht, die von den einzelnen Typen wirtschaftender Menschen empfangenen und gezahlten Preise einander gegenüberzustellen, um auf diese Art zu den Differentialrenten zu gelangen, welche durch die Ungleichmäßigkeit der Preisverschiebung auf den verschiedenen Märkten entstehen, ist eine Reihe von vereinfachenden Annahmen zweckmäßig, die eine weitgehende Schematisierung dieser Gegenüberstellung gestatten. Zunächst wiederholen wir den Vorbehalt, daß in der Gruppe der monopoloiden Märkte nicht mit Bestimmtheit gesagt werden kann, ob die Preissenkung zuerst den Detailhandel und dann den Handel mit Markenartikeln oder umgekehrt ergreifen wird. Dies wird wohl in verschiedenen Krisen, mitunter sogar in derselben Krise an verschiedenen

[1] PANTALEONI hat den Begriff der „prezzi politici“ geschaffen (Considerazioni sulle proprietà di un systema di prezzi politici, Giornale degli Economisti, 1911, 1, S. 9, 114ff.).

Orten ungleichmäßig erfolgen. Ebenso ist es in der Gruppe der echten Monopole nicht feststellbar, ob die Preise der Sachgüter oder die Löhne für die organisierte Arbeit den größeren Lag aufweisen werden; in der Regel wird das letztere der Fall sein.

Eine andere Annahme ist in einer Untersuchung, die auf die Gestaltung des *Real*einkommens gerichtet ist, eigentlich selbstverständlich: nämlich die, daß während des von uns zu prüfenden Ablaufes keine solchen neuen Veränderungen *von der Geldseite her* eintreten, daß sie ihrerseits *selbständig relative Verschiebungen innerhalb des Preissystems* und damit Lags hervorrufen würden. Damit soll aber keineswegs gesagt sein, daß eine gleichbleibende Kaufkraft des Geldes vorausgesetzt wird. Eine solche Annahme würde der Wirklichkeit direkt zuwider laufen und daher unzulässig sein, da ein die ganze Wirtschaft durchgreifendes Steigen des äußeren objektiven Tauschwertes des Geldes[1] zu den charakteristischen und aus dem Krisenbild gar nicht wegzudenkenden Merkmalen dieser Etappe des Konjunkturzyklus gehört. Unsere Untersuchung würde durch eine solche Annahme überhaupt sinnlos werden, weil ihr ja eine allgemeine Preisbewegung nach abwärts, d. h. ein Steigen des Geldwertes als eigentliches Objekt dient. Wohl aber müßte eine solche „normale krisenmäßige" Preissenkung, wie wir sie annehmen und in jeder echten Konjunkturkrise erfahrungsgemäß feststellen können, dadurch empfindlich gestört werden, wenn eine künstliche Beeinflussung der zirkulierenden Geldmenge oder, was dasselbe ist, eine Manipulation des Zinsfußes vorgenommen würde. Denn eine Inflation — um diese wird es sich ja in der Regel handeln — muß immer an einer oder an mehreren bestimmten Stellen der Wirtschaft einsetzen[2] und einer bestimmten Gruppe von Subjekten der Produktions- oder Konsumtionssphäre die neugeschaffenen Umlaufsmittel zuerst zuführen. Je nachdem, welche der nach dem Gesichtspunkte heuristischer Zweckmäßigkeit eingeteilten Preiszahler über diese zusätzliche Geldmenge zuerst verfügen können, werden verschiedene Märkte einer zusätzlichen Nachfrage gegenüberstehen und hierauf entweder mit absoluten Preiserhöhungen reagieren oder mit relativen, unter denen Verzögerung oder Ausbleiben von Preissenkungen zu verstehen ist, welche ohne diesen exogenen Eingriff eingetreten wären. Wird z. B. eine solche zusätzliche Geldmenge der Produktion zugeführt, dann werden die Produktionsmittel vielleicht absolut, jedenfalls aber relativ steigen; d. h. wenn ein solcher Eingriff in eine Periode sinkender Preise fällt, wird sich der Preisverfall dieser Produktionsmittel verzögern oder auf gewisse Zeit ganz unterbleiben.[3]

---

[1] Menger, a. a. O., S. 304.

[2] Mises, a. a. O. S. 192ff.

[3] Von im Wesen gleicher Bedeutung wie eine an bestimmten Stellen der Wirtschaft einsetzende Veränderung der Geldmenge wäre es, wenn die

22. Wenn man von derartigen gewaltsamen Eingriffen absieht — mögen diese auch derzeit im Brennpunkte der konjunkturpolitischen Diskussion stehen — wird es möglich sein, mittels eines Systems von Tabellen anschaulich zu machen, wie sich die Einkommen der von uns angenommenen Typen von Wirtschaftssubjekten in den einzelnen Etappen gestalten, welche die Preissenkung auf ihrem Wege durch die von uns zu diesem Zwecke entsprechend angeordneten Märkte erfährt. Die folgende erste dieser Tabellen wird zunächst aussagen, welche der im vorhergehenden aufgestellten und nach ihrer Reagibilität skalierten Markttypen den gleichfalls bereits aufgestellten Typen von Wirtschaftssubjekten als „Hauptmarkt" (Preisempfang) und welche als Nebenmärkte (Preiszahlung) dienen.

Wieder ist hier darauf hinzuweisen, daß dieser Darlegung eine weitgehende Schematisierung zugrunde liegt, die mit der kasuistischen Mannigfaltigkeit der wirklichen Wirtschaft weder Schritt zu halten vermag noch beansprucht. So wird z. B. der Besitzer eines großen Modesalons sicher in der Lage sein, Hauspersonal zu beschäftigen, also Preiszahler auf dem nicht organisierten Arbeitsmarkt sein. Trotzdem ist er in unserer Einteilung der Gruppe der Kleinhändler und Handwerker zuzurechnen, für welche angesichts der überwiegenden Zahl der in kleinen und kleinsten Verhältnissen lebenden Wirtschafter ein solcher Sachverhalt atypisch ist. Ebenso wird auch in Krisenzeiten gelegentlich ein organisierter Lohnempfänger in der Lage sein, ein Klavier oder eine Wohnungseinrichtung zu kaufen, was auf dem Markte mit freier Kontrahentenwahl geschieht. Aber bei einer „short-run observation", wie sie hier in Betracht kommt, kann man auch diesen Fall als atypisch ansehen. Wir werden daher solche Ausnahmsfälle vernachlässigen und in die betreffende Rubrik das Kennwort „indifferent" einsetzen. Man könnte sich zwar die unvermeidliche Willkür, welche in der Ausscheidung gewisser als nicht typisch angesehener Preiszahlungen gelegen ist, leicht in der Weise ersparen, daß man einfach annimmt, daß alle Wirtschaftssubjekte auf ihrem Hauptmarkte Verkäufer und auf *allen anderen Märkten* (den Nebenmärkten) Käufer seien.

23. Im Hinblicke auf die Ableitungen, die im weiteren Verlaufe der Untersuchung aus der Tabelle 1 gemacht werden, halten wir jedoch die Eliminierung der „indifferenten" Märkte immerhin für eine Annäherung an die Wirklichkeit und geben daher der Tabelle folgende Gestalt:

Menschen sich plötzlich entschlössen, in der Sparquote eine Änderung eintreten zu lassen, das heißt in dem Verhältnis, in welchem sie bisher ihr Einkommen für den Kauf von originären und produzierten Produktionsmitteln einerseits und Konsumgütern anderseits verwendet haben. Vgl. HAYEK, „Geldtheorie und Konjunkturtheorie", Wien 1929, S. 121ff., sowie die ausführliche Würdigung dieses Problems in desselben Autors „Preise und Produktion", Wien 1931.

Tabelle 1

Die nachstehenden Typen von Wirtschaftssubjekten erscheinen auf den Märkten, welche in der linken senkrechten Kolonne nach unserer Reagibilitätsskala geordnet sind, als:

Märkte		Urproduzenten	Nicht organisierte Lohnempfänger	Großhändler, Industrielle	Kleinhändler, Handwerker	Erzeuger von Markenartikeln	Monopolisten: Produktions- u. Handelsmonopolisten	Monopolisten: Organisierte Lohnempfänger	Monopolisten: Public utility-Unternehmungen	Monopolisten: Öffentliche Institutionen
Börsen		Verkäufer	Indifferent	Käufer	Indifferent	Käufer	Käufer	Indifferent	Indifferent	Indifferent
Märkte mit freier Kontrahentenwahl		Käufer	Verkäufer	Verkäufer	Käufer	Käufer	Käufer	Indifferent	Käufer	Käufer
Monopoloide Märkte	Detailhandel	Käufer	Käufer	Käufer	Verkäufer	Käufer	Käufer	Käufer	Indifferent	Indifferent
	Handel mit Markenartikel	Käufer	Käufer	Käufer	Käufer	Verkäufer	Käufer	Käufer	Indifferent	Indifferent
Monopolmärkte	Kartellierte Märkte	Käufer	Käufer	Käufer	Käufer	Käufer	Verkäufer	Käufer	Käufer	Käufer
	Organisierter Arbeitsmarkt	Käufer	Indifferent	Käufer	Käufer	Käufer	Käufer	Verkäufer	Käufer	Käufer
	Tarife	Käufer	Käufer	Käufer	Käufer	Käufer	Käufer	Käufer	Verkäufer	Käufer
Steuern, Gebühren, öffentliche und soziale Abgaben		Käufer	Käufer	Käufer	Käufer	Käufer	Käufer	Käufer	Käufer	Verkäufer

Die mit starken Linien eingefaßten Rechtecke bezeichnen die Hauptmärkte, auf denen die einzelnen Berufsgruppen Preisempfänger sind, von wo sie demnach ihr Einkommen beziehen, die anderen Rechtecke die Nebenmärkte, auf denen sie Preiszahler sind, also Ausgaben machen.

Ein Blick auf die Tabelle 1 lehrt, daß ihre Kennzeichnung als schematisch noch einen starken Euphemismus bedeutet. Denn abgesehen von den Fehlerquellen, welche in der Bezeichnung gewisser Märkte als indifferent liegen, sind auch die positiven Angaben völlig inkommensurabel; der Umstand z. B., daß der Urproduzent Verkäufer nach der Preisbildung der Börse, dagegen Käufer von Leistungen der Public utilities ist, kann gar nichts darüber aussagen, welche Bedeutung es für sein Realeinkommen hat, wenn die Preise für seine Gesamtproduktion bereits in vollem Maße zurückgegangen sind, er für sein Telephon aber noch die frühere Gebühr zahlen muß. Trotzdem erlangen diese Angaben — oder wenn schon nicht ihre Details, so doch ihre Gesamtheit — für die Untersuchung Bedeutung, wenn wir eine Annahme einführen, welche durchaus im Gedankenkreise der statischen Methode liegt: daß die Wirtschaftssubjekte nämlich *im Gleichgewichtszustande, d. h. bevor die allgemeine Preisbewegung eingesetzt hat und nachdem sie beendigt ist, dasselbe Güterquantum kaufen, bzw. verkaufen können* und demgemäß über ein unverändertes Realeinkommen verfügen werden. Hiebei wird vorausgesetzt, daß in der Zwischenzeit weder im Aufbau der Produktion, noch in den Konsumneigungen des Publikums solche dynamische Veränderungen eintreten, daß Verschiebungen der Austauschrelationen der Güter und Leistungen untereinander eintreten würden. In diesen Ruhezuständen werden dann die *Einnahmen auf dem Hauptmarkte gleich sein der Summe der Ausgaben auf sämtlichen Nebenmärkten,*[1] wobei dieselben Güterquantitäten erzeugt bzw. umgesetzt werden.

Bei dieser Erwägung muß die Frage geklärt werden, welches der ursprüngliche Gleichgewichtszustand ist, dem der nach Abschluß der Preissenkung erreichte gleichgesetzt wird. Ist dies jene Preis- und Einkommenskonstellation, welche herrschte, bevor die Preissenkung einsetzte, d. h. in jenem Momente, als der Umschwung von der Hochkonjunktur zur Krise eintrat, oder ist es jener Zustand, welcher vorlag, bevor die Wirtschaft in die Periode der Hochkonjunktur geriet? Da die letztere durch eine allgemeine Steigerung der Preise charakterisiert wird und die Krise in einem allgemeinen Niedergang der Preise besteht, ist es eigentlich nur logisch, anzunehmen, daß es in dem Umschwung von dem einen zum anderen Zustande einen wenn auch noch so kurzen Moment geben muß, in dem weder Preissteigerung noch Preissenkung herrscht. Dies ist zwar richtig, doch wird dieser Umschwung sicherlich nur ein

[1] Diese Annahme wird auch durch die Spartätigkeit nicht durchbrochen. Es wird hierbei allerdings vorausgesetzt, daß keine Thesaurierung stattfindet, sondern daß die gesamten ersparten Beträge kapitalisiert werden, d. h. entweder vom Sparer selbst oder von Produzenten oder Konsumenten, denen er seine Ersparnisse direkt oder indirekt leiht, zu Käufen auf einem der Märkte verwendet werden.

labiles Gleichgewicht bringen, wie es PARETO im Manuel, Chap. III, 124, zuerst entwickelt, in dem zahlreiche, vielleicht sogar besonders große Disproportionalitäten der Preise und Lags vorhanden sind, welche endogene Ursachen dafür bilden, daß eine Aufrechterhaltung dieses Preissystems nicht möglich gewesen wäre, auch wenn es nicht sogleich durch eine rückläufige Bewegung abgelöst worden wäre.[1] Der Zustand, auf den zur Vergleichung der Ruhelage zurückgegriffen werden muß, welche durch die Liquidation der Krise entsteht, ist demnach jener, welcher vor Eintreten der gesamten Konjunkturwelle (Aufschwung, Umschwung, Abstieg) vorlag. Es ist dies einer jener Fälle, in welchem über die Periode der Krise, die wir zum speziellen Objekt unserer Untersuchung gewählt haben, hinaus auf den gesamten Konjunkturverlauf gegriffen werden muß, was um so eher geschehen kann, als die Bildung von Differentialrenten, wie bereits eingangs erwähnt wurde, auch in der Aufschwungsperiode und nach ganz denselben Gesetzen wie im Abstieg erfolgt.

Worin besteht nun dieser Gleichgewichtszustand, von dem ausgegangen wird und welcher wieder erreicht werden muß? Es handelt sich hier natürlich nicht um das Gleichgewicht zwischen „goûts" und „obstacles", wovon PARETO ausgeht und wovon er zu dem zwischen Angebot und Nachfrage gelangt. Denn man hat es hier nicht mit *einem* Preise, sondern einer Vielheit von solchen zu tun, welche durch „Preisverbundenheit" in einem *Preissystem* zusammengehalten werden. Dies geschieht durch gegenseitige Interdependenzen, welche teils auf psychischen, teils auf technischen Gegebenheiten beruhen: Produktionsverwandtschaft, psychische und technische Komplementarität, Substitutionsmöglichkeit usw. Wenn nun die relativen Höhen der Preise solche sind, daß sie diesen kausalen und funktionalen Beziehungen voll entsprechen, kann ein solches Preissystem solange unverändert bestehen bleiben, als sich die Daten nicht verändern.[2] Wenn aber eine solche Übereinstimmung nicht vorliegt, wie z. B. dann, wenn Preise von Kostengütern sich geändert haben, die der Produkte aber infolge eines Lag unverändert geblieben sind, dann bildet die Disproportionalität zwischen den Preisen einerseits und den zwischen ihnen bestehenden Beziehungen der Produktionsverwandtschaft, Komplementarität, Substitutionsmöglichkeit usw. anderseits eine *endogene Ursache* dafür, daß die Höhe der Preise sich an diese psychisch

[1] Anderer Ansicht allerdings ist z. B. MÜLLER-ARMACK (Art.: „Konjunkturforschung und Konjunkturpolitik", Handwörterbuch d. Staatsw., IV. Aufl., Erg.-Bd., S. 657). „Prinzipiell ist es durchaus möglich, daß die Wirtschaft auf dem erhöhten Preisniveau sich in ein neues Gleichgewicht ohne Rückschlag einspielt."

[2] Ganz im Sinne CASSELS (Theoretische Sozialökonomie, IV. Aufl., S. 79), welcher das Gleichgewicht definiert als „eine Feststellung der Bedingungen, welche notwendig sind, damit die in einem gegebenen Augenblick bestehenden Preise unverändert bleiben."

und technisch gegebenen Zusammenhänge anpaßt; im Falle des Lag wird sich dies in der Weise vollziehen, daß die Märkte geringerer Reagibilität der Bewegung der Preise in denen höherer Reagibilität allmählich nachfolgen werden. — — —

24. Von der Tabelle 1 ausgehend, lassen wir nunmehr die Preissenkung sämtliche Märkte in der gewählten Reihenfolge durchschreiten[2] und halten nach vollständiger Durchdringung jedes dieser Märkte in einer besonderen Tabelle fest, wie sich die Einnahmen und Ausgaben für jede Wirtschaftergruppe gegenüber dem Gleichgewichtszustande sowie dem unmittelbar vorhergehenden verändert haben. Wir bringen dies in der Weise zum Ausdruck, daß wir für jede Verminderung der Ausgaben (der bezahlten Preise) ein Plus, für jede Verminderung der Einnahmen (der empfangenen Preise) ein Minus einsetzen. Bei den Märkten, auf denen weder das eine noch das andere stattfindet, wird „indifferent" vermerkt. Es bedarf keiner näheren Argumentation, daß und warum in einer Periode allgemeiner Preissenkung Verbesserungen des Realeinkommens nur in Minderung der Ausgaben, Verschlechterungen nur in Minderung der Einnahmen bestehen können und daß das letztere nur auf den Hauptmärkten, das erstere nur auf den Nebenmärkten der Wirtschaftssubjekte möglich ist.

[1] Dieser Prozeß spielt sich auf folgende Weise ab: Es scheint festzustehen, daß der Umschwung von der Hochkonjunktur zur Krise sich auf dem Warenmarkte regelmäßig in der Weise vollzieht, daß Absatzfähigkeit und Preise der Produktionsmittel höchster Ordnung als erste leiden. Dies entspricht nicht nur der Erfahrung, sondern ist ein Punkt, in dem fast alle Konjunkturtheorien (mit Ausnahme der Unterkonsumtionstheorie) übereinstimmen. Nach der Lehre von der Disproportionalität der Produktion (etwa nach SPIETHOFFS Auffassung) tritt das Nachlassen der Nachfrage zuerst bei den Gütern des „mittelbaren Verbrauches" ein. Nach der monetären Konjunkturtheorie liegen die Ursachen der Krise in einer übergroßen Ausdehnung der Produktionsumwege, sodaß im Momente der Wendung eine zu große Quote der vorhandenen Kapitalgüter in konsumfernen Produktionsstadien sich befindet. Nach der psychologischen Theorie endlich, wonach das geänderte Verhalten der Menschen in Bezug auf ihre Bereitwilligkeit, Käufe vorzunehmen und hiefür entsprechende Preise zu zahlen, auf eine Herabstimmung ihrer Erwartungen hinsichtlich der künftigen Preisentwicklung zurückzuführen ist, muß es wohl klar sein, daß diese Wandlung sich zuerst bei jenen Gütern ausdrücken wird, welche am stärksten als „Zukunftsgüter" angesehen werden müssen. Nun werden gerade die Güter höchster Ordnung auf Märkten mit besonderer Reagibilität gehandelt, nämlich auf Warenbörsen oder auf Märkten mit freier Kontrahentenwahl. Da alle Güter niedrigerer Ordnung sich zu Gütern höherer Ordnung im Verhältnis der Produktionsverwandtschaft befinden, d. h. stets Güter der letzteren Kategorie Kostengüter jener der ersteren Kategorie sind, folgt die chronologische Preissenkung auf den verschiedenen Märkten ziemlich genau der Stufenfolge des Produktionsaufbaues. Dies geschieht dadurch, daß die Preise auf jedem konsumnäheren Markte einen Lag gegenüber dem vorhergehenden erhalten, wie dies früher aus den Gesetzen der Preisbildung komplementärer Güter abgeleitet wurde.

Tabelle 2

Der Preisrückgang hat die Börsen erreicht, die nachfolgenden Märkte jedoch noch nicht. Die unten angeführten Gruppen von Wirtschaftssubjekten erfahren auf den mit + bezeichneten Märkten eine Ermäßigung ihrer Ausgaben, auf den mit — versehenen eine Minderung ihrer Einnahmen.

Märkte	Urproduzenten	Nicht organisierte Lohnempfänger	Großhändler, Industrielle	Kleinhändler, Handwerker	Erzeuger von Markenartikeln	Monopolisten			
						Produktions- u. Handelsmonopolisten	Organisierte Lohnempfänger	Public utility-Unternehmungen	Öffentliche Institutionen
Börsen	—	Indifferent	+	Indifferent	+	+	Indifferent	Indifferent	Indifferent

Das mit starken Linien eingefaßte Rechteck bezeichnet den Markt, auf dem die betreffende Berufsgruppe Preisempfänger ist, von wo sie demnach ihr Einkommen bezieht, die anderen Rechtecke die Märkte, auf denen die Wirtschaftssubjekte Preiszahler sind, also Ausgaben machen.

Tabelle 3

Der Preisrückgang hat die Märkte mit freier Kontrahentenwahl und alle vorhergehenden erreicht, die nachfolgenden Märkte jedoch noch nicht. Die unten angeführten Gruppen von Wirtschaftssubjekten erfahren auf den mit + bezeichneten Märkten eine Ermäßignng ihrer Ausgaben, auf den mit — versehenen eine Minderung ihrer Einnahmen.

Märkte	Urproduzenten	Nicht organisierte Lohnempfänger	Großhändler, Industrielle	Kleinhändler, Handwerker	Erzeuger von Markenartikeln	Monopolisten			
						Produktions- u. Handelsmonopolisten	Organisierte Lohnempfänger	Public utility-Unternehmungen	Öffentliche Institutionen
Börsen	—	Indifferent	+	Indifferent	+	+	Indifferent	Indifferent	Indifferent
Märkte mit freier Kontrahentenwahl	+	—	—	+	+	+	Indifferent	+	+

Die mit starken Linien eingefaßten Rechtecke bezeichnen die Märkte, auf denen die einzelnen Berufsgruppen Preisempfänger sind, von wo sie demnach ihr Einkommen beziehen, die anderen Rechtecke die Märkte, auf denen sie Preiszahler sind, also Ausgaben machen.

Tabelle 4

Der Preisrückgang hat den Detailhandel und alle vorhergehenden Märkte erreicht, die nachfolgenden Märkte jedoch noch nicht. Die unten angeführten Gruppen von Wirtschaftssubjekten erfahren auf den mit + bezeichneten Märkten eine Ermäßigung ihrer Ausgaben, auf den mit — versehenen eine Minderung ihrer Einnahmen.

Märkte	Urproduzenten	Nicht organisierte Lohnempfänger	Großhändler, Industrielle	Kleinhändler, Handwerker	Erzeuger von Markenartikeln	Monopolisten: Produktions- u. Handelsmonopolisten	Monopolisten: Organisierte Lohnempfänger	Monopolisten: Public utilitiy-Unternehmungen	Monopolisten: öffentliche Institutionen
Börsen	—	Indifferent	+		+	+	Indifferent	Indifferent	Indifferent
Märkte mit freier Kontrahentenwahl	+	—	—	+	+	+	Indifferent	+	+
Detailhandel	+	+	+	—	+	+	+	Indifferent	indifferent

Die mit starken Linien eingefaßten Rechtecke bezeichnen die Märkte, auf denen die einzelnen Berufsgruppen Preisempfänger sind, von wo sie demnach ihr Einkommen beziehen, die anderen Rechtecke die Märkte, auf denen sie Preiszahler sind, also Ausgaben machen.

Tabelle 5

Der Preisrückgang hat den Markt der Markenartikel und alle vorhergehenden erreicht, die nachfolgenden Märkte jedoch noch nicht. Die unten angeführten Gruppen von Wirtschaftssubjekten erfahren auf den mit + bezeichneten Märkten eine Ermäßigung ihrer Ausgaben, auf den mit — versehenen eine Minderung ihrer Einnahmen.

Märkte		Urproduzenten	Nichtorganisierte Lohnempfänger	Großhändler, Industrielle	Kleinhändler, Handwerker	Erzeuger von Markenartikeln	Monopolisten			
							Produktions- u. Handelsmonopolisten	Organisierte Lohnempfänger	Public-utility-Unternehmungen	Öffentliche Investitionen
Börsen		—	Indifferent	+	Indifferent	+	+	Indifferent	Indifferent	Indifferent
Märkte mit freier Kontrahentenwahl		+	—	—	+	+	+	Indifferent	+	+
Monopolistische Märkte	Detailhandel	+	+	+	—	+	+	+	Indifferent	Indifferent
	Handel mit Markenartikeln	+	+	+	+	—	+	+	Indifferent	Indifferent

Die mit starken Linien eingefaßten Rechtecke bezeichnen die Märkte, auf denen die einzelnen Berufsgruppen Preisempfänger sind, von wo sie demnach ihr Einkommen beziehen, die anderen Rechtecke die Märkte, auf denen sie Preiszahler sind, also Ausgaben machen.

Tabelle 6

Der Preisrückgang hat den Markt der kartellierten Märkte und alle vorhergehenden erreicht, die nachfolgenden Märkte aber noch nicht. Die unten angeführten Gruppen von Wirtschaftssubjekten erfahren auf den mit + bezeichneten Märkten eine Ermäßigung ihrer Ausgaben, auf den mit — bezeichneten eine Minderung ihrer Einnahmen.

Märkte		Urproduzenten	Nicht-organisierte Lohnempfänger	Großhändler, Industrielle	Kleinhändler, Handwerker	Erzeuger von Markenartikeln	Monopolisten: Produktions- u. Handelsmonopolisten	Monopolisten: Organisierte Lohnempfänger	Monopolisten: Public-utility-Unternehmungen	Monopolisten: Öffentliche Institutionen
Börsen		—	Indifferent	+	Indifferent	+	+	Indifferent	Indifferent	Indifferent
Märkte mit freier Kontrahentenwahl		+	—	—	+	+	+	Indifferent	+	+
Monopoloide Märkte	Detailhandel	+	+	+	—	+	+	+	Indifferent	Indifferent
	Handel mit Markenartikeln	+	+	+	+	—	+	+	Indifferent	Indifferent
Kartellierte Märkte		+	Indifferent	+	+	+	—	+	+	+

Die mit starken Linien eingefaßten Rechtecke bezeichnen die Märkte, auf denen die einzelnen Berufsgruppen Preisempfänger sind, von wo sie demnach ihr Einkommen beziehen, die anderen Rechtecke die Märkte, auf denen sie Preiszahler sind, also Ausgaben machen.

Tabelle 7

Der Preisrückgang hat den Markt der organisierten Arbeit und die vorhergehenden erreicht, die nachfolgenden Märkte jedoch noch nicht. Die unten angeführten Gruppen von Wirtschaftssubjekten erfahren auf den mit + bezeichneten Märkten eine Ermäßigung ihrer Ausgaben, auf den mit — versehenen eine Minderung ihrer Einnahmen.

Märkte		Urproduzenten	Nichtorganisierte Lohnempfänger	Großhändler, Industrielle	Kleinhändler, Handwerker	Erzeuger von Markenartikeln	Monopolisten: Produktions- u. Handelsmonopolisten	Monopolisten: Organisierte Lohnempfänger	Monopolisten: Public-utility-Unternehmungen	Monopolisten: Öffentliche Institutionen
Börsen		—	Indifferent	+	Indifferent	+	+	Indifferent	Indifferent	Indifferent
Märkte mit freier Kontrahentenwahl		+	—	—	+	+	+	Indifferent	+	+
Monopoloide Märkte	Detailhandel	+	+	+	—	+	+	+	Indifferent	Indifferent
	Handel mit Markenartikeln	+	+	+	+	—	+	+	Indifferent	Indifferent
Monopolmärkte	Kartellierte Märkte	+	Indifferent	+	+	+	—	+	+	+
	Organisierter Arbeitsmarkt	+	Indifferent	+	+	+	+	—	+	+

Die mit starken Linien eingefaßten Rechtecke bezeichnen die Märkte, auf denen die einzelnen Berufsgruppen Preisempfänger sind, von wo sie demnach ihr Einkommen beziehen, die anderen Rechtecke die Märkte, auf denen sie Preiszahler sind, also Ausgaben machen.

Tabelle 8

Der Preisrückgang hat den Markt der Public utilities und alle vorhergehenden erreicht, die nachfolgenden Märkte jedoch noch nicht. Die unten angeführten Gruppen von Wirtschaftssubjekten erfahren auf den mit + bezeichneten Märkten eine Ermäßigung ihrer Ausgaben, auf den mit — versehenen eine Minderung ihrer Einnahmen.

Märkte		Urproduzenten	Nichtorganisierte Lohnempfänger	Großhändler, Industrielle	Kleinhändler, Handwerker	Erzeuger von Markenartikeln	Monopolisten: Produktions- u. Handelsmonopolisten	Monopolisten: Organisierte Lohnempfänger	Monopolisten: Public-utility-Unternehmungen	Monopolisten: Öffentliche Institutionen
Börsen		—	Indifferent	+	Indifferent	+	+	Indifferent	Indifferent	Indifferent
Märkte mit freier Kontrahentenwahl		+	—	—	+	+	+	Indifferent	+	+
Monopoloide Märkte	Detailhandel	+	+	+	—	+	+	+	Indifferent	Indifferent
	Handel mit Markenartikeln	+	+	+	+	—	+	+	Indifferent	Indifferent
Monopolmärkte	Kartellierte Märkte	+	Indifferent	+	+	+	—	+	+	+
	Organisierter Arbeitsmarkt	+	Indifferent	+	+	+	+	—	+	+
	Tarife	+	+	+	+	+	+	+	—	+

Die mit starken Linien eingefaßten Rechtecke bezeichnen die Märkte, auf denen die einzelnen Berufsgruppen Preisempfänger sind, von wo sie demnach ihr Einkommen beziehen, die anderen Rechtecke die Märkte, auf denen sie Preiszahler sind, also Ausgaben machen.

Tabelle 9

Der Preisrückgang hat die Bemessung der öffentlichen Abgaben und alle vorhergehenden Märkte erreicht. Die unten angeführten Gruppen von Wirtschaftssubjekten erfahren auf den mit + bezeichneten Märkten eine Ermäßigung ihrer Ausgaben, auf den mit — versehenen eine Minderung der Einnahmen.

Märkte		Urproduzenten	Nicht organisierte Lohnempfänger	Großhändler, Industrielle	Kleinhändler, Handwerker	Erzeuger von Markenartikeln	Monopolisten: Produktions- u. Handelsmonopolisten	Monopolisten: Organisierte Lohnempfänger	Monopolisten: Public utility-Unternehmungen	Monopolisten: Öffentliche Institutionen
Börsen		—	Indifferent	+	Indifferent	+	+	Indifferent	Indifferent	Indifferent
Märkte mit freier Kontrahentenwahl		+	—	—	+	+	+	Indifferent	+	+
Monopoloide Märkte	Detailhandel	+	+	+	—	+	+	+	Indifferent	Indifferent
	Handel mit Markenartikeln	+	+	+	+	—	+	+	Indifferent	Indifferent
Monopolmärkte	Kartellierte Märkte	+	Indifferent	+	+	+	—	+	+	+
	Organisierter Arbeitsmarkt	+	Indifferent	+	+	+	+	—	+	+
	Tarife	+	+	+	+	+	+	+	—	+
Steuern, Gebühren, öffentliche und soziale Abgaben		+	+	+	+	+	+	+	+	—

Die mit starken Linien eingefaßten Rechtecke bezeichnen die Märkte, auf denen die einzelnen Berufsgruppen Preisempfänger sind, von wo sie demnach ihr Einkommen beziehen, die anderen Rechtecke die Märkte, auf denen sie Preiszahler sind, also Ausgaben machen.

25. Die vorstehenden Tabellen 2 bis 9[1] leiden an demselben offenkundigen Mangel wie unsere Tabelle 1, nämlich dem, daß sie nur über die Tatsache und die Bedeutung (das Vorzeichen) der eingetretenen Veränderungen Aufschluß geben, nicht aber über ihr Ausmaß. Aber man weiß von diesen Einnahmen- und Ausgabenverminderungen doch das eine, daß diese Veränderungen, wenn sie sich auf den „Hauptmärkten" der Wirtschaftssubjekte abspielen, ein sehr bedeutendes Übergewicht in ihrem geldlichen Ausmaße gegenüber den Veränderungen auf den einzelnen Nebenmärkten haben. Auf diese Tatsache gestützt, läßt sich das bisherige Ergebnis in eine Tabelle 10 zusammenfassen, welche den unbekannten Größen und Veränderungen bereits näherkommt und folgendermaßen angeordnet ist:

1. Die linke Vertikalkolonne bezeichnet in dieser Tabelle *nicht Märkte*, sondern Entwicklungsstadien der Krise, welche dadurch gekennzeichnet sind, daß der Preisabbau den angegebenen Markt (und die vorhergehenden) durchschritten hat. Aus diesem Grunde wird in dieser und auch in den folgenden Tabellen in der vertikalen (Zeit-) Kolonne folgende Terminologie verwendet:

anstatt der Zeitpunkt, in dem der Preisabbau erreicht:	nunmehr Stadien der Preissenkung
Die Börsen	I
Die Märkte mit freier Kontrahentenwahl	II
Den Detailhandel	III
Den Handel mit Markenartikeln	IV
Die kartellierten Märkte	V
Den organisierten Arbeitsmarkt	VI
Den Markt der Tarife	VII
Steuern, Gebühren, öffentliche Abgaben	VIII

2. Für jede Gruppe von Wirtschaftssubjekten wird in das Rechteck, welches der Horizontalreihe des — nach obigem Verfahren ersichtlich gemachten — Stadiums der Krise entspricht, die aus den korrespondierenden Tabellen 2 bis 9 hervorgehende Anzahl von Einnahmen- und Ausgabenminderungen durch Einsetzung der entsprechenden Anzahl von Plus- und Minuszeichen ersichtlich gemacht.

[1] Da jede der Tabellen 2 bis 9 gegenüber der vorhergehenden nur die Änderung aufweist, welche sich aus der Durchdringung eines zusätzlichen Marktes durch die Preissenkung ergibt, wäre es möglich gewesen, die Tabellen 2 bis 9 in eine einzige zusammenzufassen, welche mit der Tabelle 9 gleichlautend wäre. In dieser würde aber die Vertikale *eine doppelte Bedeutung* haben, nämlich einerseits die zeitliche Aufeinanderfolge, d. h. die sukzessiven Stadien der Preissenkung, anderseits die Angabe der verschiedenen Märkte, auf denen die Einkommen- und Ausgabenveränderungen stattfinden. Da diese Doppelbedeutung leicht zu Mißverständnissen führen könnte, wurde der etwas umständlichere Weg vorgezogen, für jedes Stadium eine besondere Tabelle vorzuführen, was auch die Ableitung der Tabelle 10 erleichtert.

Tabelle 10

Stadium der Preissenkung	Urproduzenten	Nichtorganisierte Lohnempfänger	Großhändler, Industrielle	Kleinhändler, Handwerker	Erzeuger von Markenartikeln	Monopolisten: Produktions- u. Handelsmonopolisten	Monopolisten: Organisierte Lohnempfänger	Monopolisten: Public-utility-Unternehmungen	Monopolisten: Öffentliche Institutionen
I.	—	0	+	0	+	+	0	0	0
II.	—+	—	—+	+	++	++	0	+	+
III.	—++	—+	—++	—+	+++	+++	+	+	+
IV.	—+++	—++	—+++	—++	—+++	++++	++	+	+
V.	—++++	—++	—++++	—+++	—++++	—++++	+++	++	++
VI.	—+++++	—++	—+++++	—++++	—+++++	—+++++	—+++	+++	+++
VII.	—++++++	—+++	—++++++	—+++++	—++++++	—++++++	—++++	—+++	++++
VIII.	—+++++++	—++++	—+++++++	—++++++	—+++++++	—+++++++	—+++++	—++++	—++++

Zeit →

Auch diese Tabelle 10 sagt zunächst nichts über die absolute Größe der einzelnen Einnahmenausfälle und Ausgabenersparungen, aber sie zeigt bereits, daß in den verschiedenen Stadien der Krise eine ganze Reihe von Wirtschaftertypen Einnahmenausfälle erleiden, denen in einem Falle gar keine, in anderen Fällen eine wechselnde Zahl von Ausgabenersparungen gegenüberstehen; daß ferner eine ganze Anzahl von Wirtschaftertypen durch den Preisfall Ausgabenersparungen genießen, *bevor* noch ihre Einnahmen aus demselben Grunde geschmälert worden sind, und daß bei weiterem Fortschreiten der Preissenkung nach dem eingetretenen Einnahmenausfall noch neue Ersparungen eintreten können.

26. Wenn wir nun auf unsere frühere statische Annahme zurückgreifen, wonach vor Beginn und nach Abschluß der allgemeinen Preisbewegung *Gleichgewicht zwischen den Preisen der verschiedenen Märkte und daher auch zwischen den Einnahmen und Ausgaben* herrscht,[1] d. h. das ursprüngliche Realeinkommen ceteris paribus wieder vorliegt, und berücksichtigen, daß die letzte Horizontalreihe der Tabelle 10 einen solchen Gleichgewichtszustand darstellt, ergibt sich *für jeden Typus von Wirtschaftern als Gleichgewicht diejenige Verteilung von Einnahmen- und Ausgabenabstrichen* (— und +), *welche in den Rechtecken dieser letzten Reihe erscheint.* Auf diese Tatsache kann eine neue Tabelle (11) aufgebaut werden, deren Symbolik wiederum eine veränderte sein muß. Es werden nämlich hierin nicht mehr Verringerungen von Einnahmen und Ausgaben — verglichen mit ihrer vorherigen Höhe — zum Ausdruck gebracht werden, sondern *die Abweichungen* vom Gleichgewicht, welches durch die Gegenüberstellung einer bestimmten Zahl von Pluszeichen (Ausgabenersparungen auf den Nebenmärkten) einerseits und einem Minuszeichen (Einnahmenausfall auf dem Hauptmarkte) in der untersten Reihe der Tabelle 10 symbolisiert ist. In der neuen Tabelle werden die Pluszeichen aufscheinen, welche noch nicht in den entsprechenden Rechtecken der Tabelle 10 durch einen Einnahmenausfall (ein Minuszeichen) absorbiert werden, bzw. so viele Minuszeichen, als noch Pluszeichen notwendig wären, um das in der letzten Reihe dieser Tabelle symbolisierte Gleichgewicht zu erzielen.[2]

[1] Da in der Gruppe der Marktparteien die Unternehmer (unter Abstraktion von ihrem etwaigen Kapitalsbesitz) unter die nicht organisierten Lohnempfänger eingereiht wurden, sind statische Unternehmergewinne als Unternehmerlöhne, d. h. Preisempfänge auf dem nicht organisierten Arbeitsmarkt zu betrachten. Dynamische Gewinne, welche durch Benützung neuer Produktionsmethoden entstehen, bleiben bei dieser rein statischen Untersuchung naturgemäß außer Betracht.

[2] Der leichteren Lesbarkeit halber wird auf die mehrfache Anführung von Plus- und Minuszeichen, die sich nunmehr *alle nur mehr auf Nebenmärkte* beziehen, verzichtet und anstatt dessen die Anzahl dieser Zeichen mit entsprechendem Vorzeichen eingesetzt werden.

Tabelle 11

Zeit → Stadium der Preissenkung	Urproduzenten	Nicht organisierte Lohnempfänger	Großhändler, Industrielle	Kleinhändler, Handwerker	Erzeuger von Markenartikeln	Monopolisten: Produktions- u. Handelsmonopol	Monopolisten: Organisierte Lohn empfänger	Monopolisten: Public utility-Unternehmungen	Monopolisten: Öffentliche Institutionen
I.	— 7	0	+ 1	0	+ 1	+ 1	0	0	0
II.	— 6	— 4	— 6	+ 1	+ 2	+ 2	0	+ 1	+ 1
III.	— 5	— 3	— 5	— 5	+ 3	+ 3	+ 1	+ 1	+ 1
IV.	— 4	— 2	— 4	— 4	— 4	+ 4	+ 2	+ 1	+ 1
V.	— 3	— 2	— 3	— 3	— 3	— 3	+ 3	+ 2	+ 2
VI.	— 2	— 2	— 2	— 2	— 2	— 2	— 2	+ 3	+ 3
VII.	— 1	— 1	— 1	— 1	— 1	— 1	— 1	— 1	+ 4
VIII.				Gleichgewicht					

Diese Tabelle gibt demnach zum ersten Male die Differentialrenten, deren Studium wir zur Aufgabe gewählt haben; denn jede Pluseinheit bedeutet nunmehr eine Kategorie von Preisbildungen, welche dem Wirtschaftssubjekt über das statische Gleichgewicht hinaus ein zusätzliches Realeinkommen gewährt, während jede Minuseinheit ausdrückt, daß seine Preiseinnahmen die Preiszahlungen nicht mehr decken.[1]

27. Nun sagt die Tabelle 11 allerdings noch immer nicht aus, wie groß diese — positiven und negativen — Krisenrenten sind, sondern sie zeigt nur ihre Zahl sowie die Zeit ihres Auftretens und Verschwindens. Aber schon diese Daten führen zu bedeutsamen Konsequenzen — abgesehen davon, daß sie noch weiter konkretisiert werden können. Dies letztere ist dadurch möglich, daß für die *Zahl* der positiven und negativen Differentialrenten deren Quellen substituiert werden, nämlich die Märkte, auf denen die diese Renten hervorrufenden Tauschakte stattfinden. Hieraus entsteht die Tabelle 12, in der die vertikale Anordnung wieder den Ablauf der Krise in der Zeit bedeutet. Daraus, daß man nicht nur sieht, wie viele positive oder negative Differentialrenten für eine bestimmte Gruppe von Wirtschaftern in einem bestimmten Stadium der Krise bestehen, sondern auch, welchen Märkten sie ihre Entstehung verdanken, kann man Schlüsse auf die Höhe und Bedeutung dieser Renten ziehen.

Leichterer Übersicht halber sind die positiven Differentialrenten in schwarzer, die negativen in roter Farbe eingesetzt. Die Bedeutung dieser Angaben ist, daß die betreffende Gruppe von Wirtschaftern durch die Preissenkung auf den schwarz gedruckten Märkten eine positive Differentialrente genießt; während auf den rot gedruckten Märkten die Preissenkung noch nicht eingetreten ist, wohl aber bereits auf den Hauptmärkten der betreffenden Gruppe von Wirtschaftern, so daß *die Störung* des Gleichgewichtes in der Einnahmen- und Ausgabenwirtschaft dieser Gruppen aus den noch sich behauptenden relativen Überpreisen dieser rot gedruckten Märkte besteht. Auf diese Weise ist es dann möglich,

[1] In dieser Tabelle und den folgenden fällt auf, daß bei allen Gruppen von Wirtschaftern — mit Ausnahme der Verkäufer elementarer Produktionskräfte — in einem bestimmten Stadium der Preissenkung die bis dahin positiven Differentialrenten sprunghaft in negative umschlagen. Dieser Zeitpunkt tritt dann ein, wenn die Preissenkung den Hauptmarkt der Gruppe erreicht hat; dessen Bedeutung für das Budget der Wirtschafter ist eine so überwiegende, daß bis dahin bestandene positive Krisenrenten nicht nur aufgezehrt, sondern sogar überkompensiert werden. Dieser „*Wendepunkt*" ist der für die einzelnen Wirtschafter kritische Termin, da bis dahin in gewissen Grenzen die Möglichkeit besteht, sich soweit als möglich gegen den kommenden Einnahmenausfall zu rüsten. Bei der letzten Gruppe, den öffentlichen Institutionen, fällt dieser Termin mit der Wiedererreichung des Gleichgewichtes zusammen.

Tabelle 12

Zeit → Stadium der Preissenkung	Urproduzenten	Nicht organisierte Lohnempfänger	Großhändler, Industrielle	Kleinhändler Handwerker	Erzeuger von Markenartikeln	Monopolisten: Produktions- und Handelsmonopolisten	Monopolisten: Organisierte Lohnempfänger	Monopolisten: Public utility-Unternehmungen	Monopolisten: Öffentliche Institutionen
I.	FDMK OTS	—	B	—	B	B	—	—	—
II.	DMK OTS	DMK TS	F	F	BF	BF	—	F	F
III.	MK OTS	MKTS	MKOTS	MKOTS	BFD	BFD	D	F	F
IV.	KOTS	KTS	KOTS	KOTS	KOTS	BFDM	DM	F	F
V.	OTS	KTS	OTS	OTS	OTS	OTS	DMK	FK	FK
VI.	TS	TS	TS	TS	TS	TS	TS	FKO	FKO
VII.	S	S	S	S	S	S	S	S	FKOT

Für die Kennzeichnung der Märkte, durch deren Preisbildung die Differentialrenten entstehen, werden folgende Symbole verwendet:

Börsen	B	Kartellierte Märkte	K
Märkte mit freier Kontrahentenwahl	F	Organisierter Arbeitsmarkt	O
Detailhandel	D	Markt der Tarife	T
Handel mit Markenartikeln	M	Öffentliche Abgaben und Steuern	S

Positive Differentialrenten werden durch schwarze, negative durch rote Buchstaben bezeichnet.

eine Abschätzung des Ausmaßes der Differentialrenten und ihrer Bedeutung für die Wirtschaft der einzelnen Gruppen — und damit auch der sozialen Klassen — vorzunehmen.

Dies scheint das Maximum der Gesetzmäßigkeiten zu sein, welche wir auf der Stufe der Abstraktion ableiten können, auf der wir uns bisher bewegt haben. Es ist natürlich möglich, den Weg der abnehmenden Abstraktion zu betreten und durch Interpolation von Zwischentypen, d. h. von weiteren Gruppen der Marktparteien oder Reagibilitätsgraden der Märkte, eine reichere Kasuistik zu erreichen.

28. Wünscht man schließlich die Resultate unserer Deduktion empirisch zu verifizieren, wird es notwendig sein, durch „Abfragen", Gebarungsberichte von Unternehmungen oder sonst geeignete Wege der Erhebung die Einkommens- und Ausgabenwirtschaft konkreter Subjekte in der Krise zu erfassen und mit den theoretisch gewonnenen Resultaten zu vergleichen.[1] Hiezu wäre es allerdings notwendig, eine weitere ver-

---

[1] Ein interessanter Versuch ist in dem Bericht für April 1932 der Nederlandschen Handel-Maatschappij, Amsterdam, gemacht, welcher während der Drucklegung dieser Schrift erschien. Auf Grund der Mitteilungen des „Centraal Bureau voor de Statistiek" wird die werktätige Bevölkerung Hollands in folgende fünf Gruppen eingeteilt:

I.	Angestellte des Staates, der Provinzen, Gemeinden, Eisenbahnen, Tramunternehmen, Postangestellte, Militärs, Polizisten, Geistliche aller Konfessionen, Angestellte der Justizverwaltung, Versicherungspersonal, Druckereipersonal und Angestellte in anderen ziemlich feststehenden Berufen usw.	550.000
II.	Bedienstete (Hausknechte, Dienstmägde usw.)	250.000
III.	Landwirte, Fischer	650.000
IV.	Handel, Schiffahrt; Bankwesen	350.000
V.	Alle übrigen (einschließlich diejenigen, welche in der Industrie betätigt sind, und die sogenannten „freien Berufe")	1,000.000
	Total aller regelmäßig Berufstätigen	2,800.000

Hieran knüpft der Bericht Bemerkungen, welche auszugsweise lauten:

ad I. „Das *Realeinkommen* dieser Gruppe darf wohl *höher* angeschlagen werden als vor einigen Jahren. Die Gruppe mit ihren Familien umfaßt ungefähr $^1/_5$ der Bevölkerung."

ad II. „Die Arbeitslosigkeit nahm zu, aber eher wegen der Tatsache, daß mehr Stellenbewerber in diese Berufskategorie eintraten (Bureaufräulein usw.), als im Zusammenhang mit vorgenommenen Entlassungen. Die Löhne haben die Neigung zu sinken, jedoch nicht stärker, als dem Rückgang in den Kosten der Lebenshaltung entspricht. .... Die Gruppe befindet sich in einer relativ günstigen Lage."

ad III. „Das Einkommen dieser Gruppe ist wahrscheinlich das geringste; es war jedoch — mit Ausnahme der Blumen- und Blumenzwiebelbranche — stets gering in den letzten Jahren. Immerhin ist der Rückgang des Einkommens äußerst ernstlich."

ad IV. „Diese Gruppe von Berufstätigen wurde stark betroffen durch Entlassungen (am meisten in der Schiffahrt, am geringsten im Bankwesen) und weniger, doch in fühlbarem Ausmaße durch Gehaltereduktion (von 5%

einfachende Annahme richtigzustellen, welche sich durch unsere sämtlichen bisherigen Ableitungen zieht. Es wurde nämlich die Preissenkung so dargestellt, als ob sie sich in jedem einzelnen Markte mit einem Schlage

---

bis 25% oder mehr), oder den Ausfall von Extravergütungen und Tantiemen, an welche sie sich in den vergangenen besseren Jahren gewöhnt hatte. — Von allen Gruppen erlitt diese auch die größten Kapitalverluste."

ad V. „Diese letzte Kategorie ist zugleich die größte: sie umfaßt alle Berufstätigen in der Industrie (Arbeiter und Arbeitgeber), die sogenannten freien Berufe (Juristen, Ärzte, Zahnärzte), in den Betrieben für Schiffslade- und Verproviantierungsdienst; ebenfalls umfaßt sie die geschulten Arbeiter (Zimmerleute, Schneider, Coiffeure) und ferner die Ladenbesitzer (Bäcker, Metzger, Kolonialwarenhändler) und die Zwischenhändler. Der größte Teil besteht aus Industriearbeitern. .... Die Verminderung des Einkommens aus Vermögen ist für diese Gruppe ansehnlich. Zusammen mit Gruppe IV trägt sie wahrscheinlich den größten Teil des Rückganges des Vermögens der ganzen Bevölkerung."

Aus diesen Beobachtungen gelangt die Bank zu Schlußfolgerungen, in denen sie dem Begriffe der *Differentialrenten* ziemlich nahekommt:

a) ca. 20% der werktätigen Bevölkerung sind wahrscheinlich besser gestellt als vor einigen Jahren;

b) ca. 9% vermutlich nicht schlechter gestellt;

c) ca. 14% sind arbeitslos und leben von Unterstützungen, welche ca. 50% des normalen Einkommens ausmachen;

d) ca. 21% (Landwirte, Fischer) sind nicht viel besser gestellt als arbeitslos.

e) Die verbleibenden ca. 35% haben den Rückgang des Vermögensertrages zu tragen und die Bank nimmt an, daß ihr Gesamteinkommen aus diesem Grunde um 15% zurückgegangen sein wird. Dieser Teil der Bevölkerung ist aber nicht nur Kapitalsbesitzer, sondern in der Regel auch beruflich tätig und bezüglich dieses Teiles seines Einkommens daher auch in eine der vorhergehenden Klassen einzureihen.

Die holländische Statistik hat, wie es nicht anders zu erwarten war, sich nur eines Einteilungsschemas der Berufsklassen bedienen können, wie es für allgemeine Zwecke der Einkommens- oder Steuerstatistik gangbar ist, so daß sich gegenüber der nach speziellen heuristischen Gesichtspunkten aufgestellten Einteilung dieser Schrift namhafte Abweichungen ergeben. So umfaßt die holländische Darstellung nur die Einkommensgestaltung von physischen Personen, so daß die Gruppen der „Public Utilities" und der Empfänger von öffentlichen Abgaben vollständig in Wegfall kommen; ebenso ist in den Gruppen I, IV und V die für die Einkommensbildung relevante Unterscheidung, ob es sich um straff organisierte oder nicht organisierte Arbeiter handelt, nicht in Anwendung gebracht. Trotzdem sind die Resultate dieser Erhebungen als eine weitgehende statistische Verifizierung der theoretischen Ableitungen dieser Schrift anzusehen, insbesondere die Feststellung, daß ungefähr 20% der Bevölkerung ein höheres und ungefähr 9% ein nahezu gleiches Realeinkommen gegenüber der Zeit vor der Krise genießen.

Aus dieser Statistik würde sich ergeben, daß die Krise sich in Holland noch in jener Etappe befindet, in welcher die organisierten Lohnempfänger noch eine positive Differentialrente erhalten; auf Grund unserer Tabelle XI würde dies dem fünften Stadium der Krise entsprechen.

vollziehen würde, während sie in Wirklichkeit längere Zeit, mitunter Jahre in Anspruch nimmt. Des weiteren wurde die Aufeinanderfolge dieser Preissenkungen so angenommen, als ob sie sich in jedem Markte erst dann vollzögen, nachdem sie in dem vorhergehenden Markte (größerer Reagibilität) vollständig ausgelaufen sind. Dies ist in Wirklichkeit natürlich nicht der Fall. Schon aus der Anzahl der Märkte sowie der Zeit, welche die Preissenkungen in jedem von ihnen erfordern einerseits, und der Gesamtdauer der krisenmäßigen Preissenkungsperiode anderseits, geht hervor, daß sich innerhalb der letzteren die Preissenkungen auf den einzelnen Märkten zeitlich überschneiden müssen; d. h. daß z. B. die Preissenkung in dem Markte mit freier Kontrahentenwahl einsetzt, bevor sie in dem der Börsen vollständig ausgelaufen ist und der Preis in diesem seinen niedrigsten Stand erreicht hat.

Diese vereinfachte Darstellung war notwendig, weil eine Berücksichtigung der zeitlichen Überschneidung die Tabellen in außerordentlichem Maße verkompliziert, ja wahrscheinlich die Wiedergabe durch solche überhaupt unmöglich gemacht hätte. In der folgenden mathematischen Ableitung werden diese Annahmen in fortschreitender Annäherung an die Wirklichkeit aufgelassen werden. Inzwischen zeigen die Tabellen noch eine Reihe von wichtigen Tatsachen:

In jedem Stadium der Krise, das heißt zwischen dem ursprünglichen und dem neuen Gleichgewichte, gibt es gleichzeitig positive und negative Differentialrenten. Das Auftreten der einen ohne gleichzeitiges Vorhandensein der anderen ist unmöglich, da ja die in den ersteren liegenden Mehreinkommen gewisser Wirtschaftssubjekte durch die letzteren getragen, das heißt finanziert werden. Dies kann auf zwei Arten erfolgen: Entweder, indem die negativen Rentner gemäß ihren reduzierten Einnahmen ihre Ausgaben einschränken, oder indem sie ihre etwa vorhandenen Ersparnisse aufzehren. Insoweit das erstere geschieht, fällt die Nachfrage auf den Nebenmärkten dieser Träger negativer Renten, welche aber gleichzeitig die Hauptmärkte anderer Wirtschaftssubjekte sind, sodaß deren Einkommen, unter denen sich auch die mit einer positiven Differentialrente ausgestatteten befinden, sinken müssen. Zehren die Träger negativer Renten aber ihre Ersparnisse auf, so ist durch deren nicht unbegrenztes Ausmaß an und für sich schon dieser Zustand als nur vorübergehend erkennbar. Außerdem sind diese Ersparnisse überwiegend nicht in barem vorhanden, sondern der Wirtschaft zur Verfügung gestellt worden, nämlich in Zukunftsgütern angelegt, welche liquidiert werden, das heißt auf den Märkten dieser Güter zum Verkaufe angeboten werden. Diese Märkte sind wieder die Hauptmärkte anderer Wirtschafter, darunter auch der Träger positiver Krisenrenten und der Preisfall auf diesen Märkten bringt diese Renten zum Verschwinden. In dem Vorhandensein der Differentialrenten liegt demnach schon die endogene Ursache zur Auslösung einer Preisbewegung, die das Verschwinden der Renten, das heißt Wiederherstellung des Gleichgewichtes der Preise zum Gegenstand hat.

VI. Mathematische Ableitung

In diesem Diagramm ist der Ablauf analog den Tabellen dargestellt, und zwar wurde die Einkommensbildung eines *Erzeugers von Markenartikeln* als Beispiel gewählt. Es ist also die Annahme gemacht worden, daß sämtliche Preissenkungen sich nicht allmählich, sondern mit einem Ruck vollziehen, ferner daß jede Preissenkung erst eintritt, nachdem die in dem Markte mit nächst größerer Reagibilität sich bereits vollzogen hat und schließlich, daß zwischen diesen Preissenkungen gleiche Zeitabschnitte liegen. Der Einfachheit halber wurde ein allgemeines Fallen der Preise auf die Hälfte ihrer früheren Höhe dargestellt. Wie schon früher betont, wird weiters angenommen, daß die Menge der erzeugten und umgesetzten Güter während des ganzen Ablaufes unverändert bleibt.

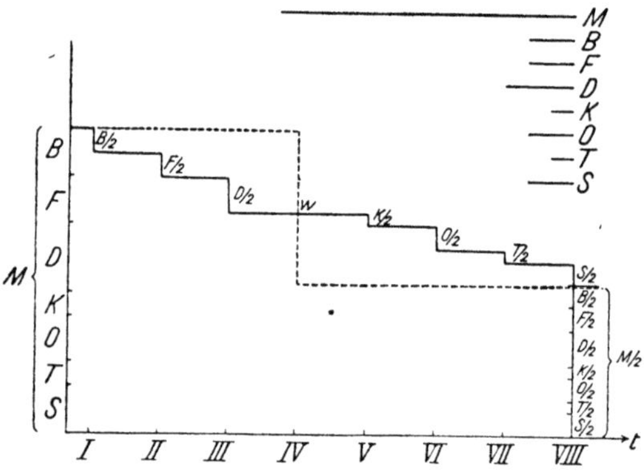

Abb. 4

Die Abszisse gibt den Zeitablauf wieder, auf der Ordinate sind die Geldbeträge aufgetragen, welche der Erzeuger von Markenartikeln auf den verschiedenen Märkten einnimmt, respektive ausgibt. Die Symbolik ist gleich der unserer Tabelle 12, es bezeichnen also:

M die Einnahmen auf dem Hauptmarkte, dem der Markenartikel, die übrigen Buchstaben die Ausgaben auf den Nebenmärkten:

B auf den (Waren-) Börsen,
F auf dem Markte mit freier Kontrahentenwahl,
D auf dem Detailmarkte,
K auf dem Markte der kartellierten Güter,
O auf dem organisierten Lohnmarkte,
T die Tarife,
S die Steuern usw.

Die Größen dieser Preissummen in der Ruhelage, welche vor Einsetzen der Preissenkung herrscht, sind in der rechten oberen Ecke eingezeichnet.

Die Höhe der Differentialrente bestimmt sich daher in jedem Zeitpunkte wie folgt:

$$R = M - (B + F + D + K + O + T + S)$$

Es ist klar, daß der Wert von R in dem Zeitabschnitte, der links von dem „Wendepunkt" W liegt, positiv, in dem, der rechts von W liegt, negativ sein muß.

Erste Annäherung

Wir lassen nunmehr die Fiktionen fallen, daß die Preissenkungen sich mit einem Schlage und in der Weise vollziehen, daß die Preissenkung

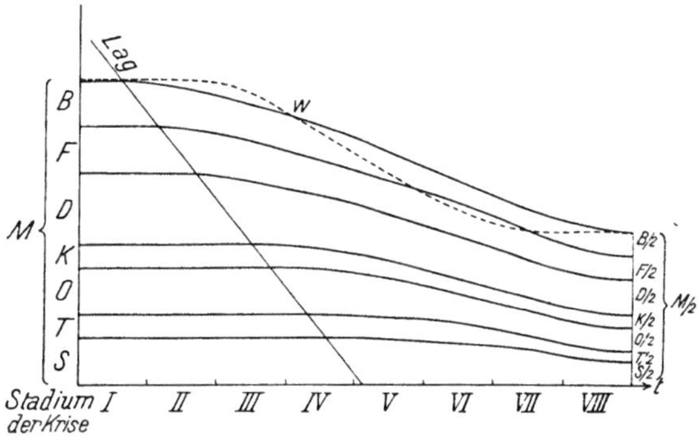

Abb. 5

auf einem Markte minderer Reagibilität erst einsetzt, nachdem sie auf dem höherer beendet ist. Dieser Ablauf wird durch die Abb. 5 wiedergegeben.

Die Ableitung erfolgt von nun an nicht mehr an dem Beispiel der Einkommensbildung eines Erzeugers von Markenartikeln, sondern ganz im allgemeinen für irgendein Wirtschaftssubjekt; zu diesem Zweck führen wir eine neue Symbolik ein, indem wir für die auf dem Hauptmarkte erzielten Preise die Bezeichnung H und für die Summe der auf sämtlichen Nebenmärkten gezahlten Preise die Bezeichnung N wählen. Die Rente bezeichnen wir mit R, die Zeit herkömmlicherweise mit t. Es ist daher

$$R = H - N \tag{1}$$

und daher

$$\begin{aligned} \mathrm{R} &> 0 \text{ wenn } H > N \\ R &= 0 \text{ wenn } H = N \\ R &< 0 \text{ wenn } H < N \end{aligned} \tag{2}$$

Für die Entwicklung der Renten gibt es drei charakteristische Stadien:

1. Vor dem Eintreten der Preissenkung auf dem reagibilsten Markte;

2. nach dem Ende der Preissenkung auf dem am wenigsten reagibilen Markte;

3. der dazwischen liegende Zeitraum.

Es geht aus unseren früheren Untersuchungen nicht mit Sicherheit hervor, ob ein kausales Verhältnis zwischen dem Eintreten der Preissenkung und dem Zeitraum besteht, welchen diese zu ihrem Ablauf erfordert. Eine logische Erwägung sagt aber, daß die Hemmung, welche in Märkten mit geringer Reagibilität die Preissenkung eine Zeitlang aufgehalten hat, dann, wenn sie einmal überwunden ist, zu einer entsprechend energischen Herabminderung des Preises führen wird; es wird daher anzunehmen sein, daß der Preisabbau in Märkten mit großer Reagibilität früh anfangen, jeder Änderung der Preisbestimmungsgründe sofort folgen und erst bei der vollständigen Stabilisierung aufhören wird, während in Märkten mit geringer Reagibilität sich größere Preissenkungen erst in dem späteren Verlauf der Krisenperiode zusammendrängen werden.

Unter diesen Voraussetzungen gibt es für die Bildung der Rente drei Möglichkeiten der Einkommensgestaltung des Wirtschaftssubjektes in der Krise:

a) Der Hauptmarkt hat gegenüber keinem Nebenmarkte einen Lag, das heißt er ist der reagibilste (Warenbörsen). Es ist demnach immer

(3) $$H < N \text{ daher } R < 0$$

das heißt, Wirtschaftssubjekte, deren Einkommen aus Verkäufen auf dem reagibilsten Markte fließt, kommen während der Krise nie in den Genuß einer positiven Rente, sondern haben von Beginn der Preissenkung an während der ganzen Krise eine negative Rente.

b) Der Hauptmarkt hat einen Lag, der größer ist als der von einzelnen Nebenmärkten, aber kleiner als der auf anderen Nebenmärkten; das heißt, er steht in der Reihenfolge der Reagibilität weder an erster noch an letzter Stelle. In diesem Falle gibt es einen „Wendepunkt" (der jedoch nicht mit dem mathematischen Wendepunkt einer Kurve zu verwechseln ist; er wird nämlich nicht durch den Ablauf *einer* Kurve sondern durch den Schnittpunkt zweier Kurven bestimmt). So lange

(4) $$H > N, \text{ ist auch } R > 0$$

Dies ist so lange der Fall, bis die Preissenkung des Hauptmarktes die bereits erfolgten Preissenkungen der Nebenmärkte überkompensiert. In diesem Punkte ist wieder

(5) $$H = N, \text{ daher } R = 0$$

Von da an ist

(6) $$N > H, \text{ daher } R < 0$$

Es wäre durch ein zufälliges Zusammentreffen von Umständen möglich, daß die Preisbewegung auf dem Hauptmarkte und den Nebenmärkten sich so gestaltet, daß nach Zurücklegung des „Wendepunktes“ die Preissummen H und N vorübergehend oder dauernd gleich sind. Diesem einen zufälligen Zusammentreffen stehen aber unendlich viele andere Kombinationen gegenüber, in denen in diesem Abschnitte eine negative Rente vorhanden ist. Man kann daher diesen Fall vernachlässigen; eine positive Rente aber in diesem Abschnitte ist überhaupt unmöglich.

c) Der Hauptmarkt hat den größten Lag (Staat und umlageberechtigte Körperschaften). In diesem Falle ist während der ganzen Preissenkungsperiode

$$H > N, \text{ daher } R > 0 \tag{7}$$

das heißt, das Wirtschaftssubjekt genießt während der ganzen Preissenkungsperiode eine positive Differentialrente.

Zweite Annäherung

Wir lassen nunmehr auch die Einteilung der Märkte in bestimmte Typen der Reagibilität fallen, wovon ja schon früher gesagt wurde, daß in der Auswahl und Skalierung eine ziemlich weitgehende Willkür liegt; statt dessen führen wir neben der Zeit t eine zweite unabhängige Variable ein, nämlich den Grad der Reagibilität, welchen wir mit ϱ bezeichnen. Wir stellen uns also vor, daß wir beliebig viele Grade der Reagibilität unterscheiden können und ordnen die einzelnen Preisbildungen nach ihrer Reagibilität an. Wir nehmen dabei an, daß die gesamten vorliegenden Güter zwischen den Reagibilitätsgraden ϱ_0 und ϱ_n liegen, wobei ϱ_0 die Reagibilität der am wenigsten und ϱ_n diejenige der am meisten reagiblen Preisbildung bezeichnet. Diese Werte tragen wir auf einer Achse auf, auf die zweite Achse die Zeit t und auf die dritte vertikale Achse die jeweils zu einer bestimmten Zeit bei einem bestimmten Grade der Reagibilität des Preisbildungsprozesses aufgewendete, bzw. erzielte Preissumme P.

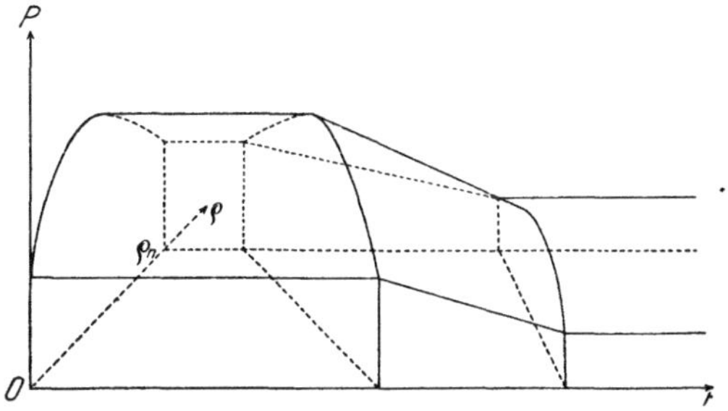

Abb. 6

Auf diese Art und Weise erhält man einen Körper im dreidimensionalen Raume ($\varrho\, Pt$), welcher die jeweils vorherrschende Konstellation der Reagibilitäten und der Preissummen in jedem Zeitpunkte darstellt.

Man definiert nun für jeden Reagibilitätsgrad ϱ zwei Funktionen $l(t)$ und $\lambda(t)$ und zwar bezeichnet für jedes ϱ das dazugehörige l den Zeitpunkt, in dem der Preisfall beginnt und das zugehörige λ denjenigen, in dem er beendet ist. Stellt man die Funktion l und λ in der (ϱt) Ebene dar, so erhält man nebenstehendes Bild, wobei die Voraussetzungen für das Verhältnis zwischen Einsetzen und Dauer der einzelnen Preissenkungen dieselben wie oben sind.

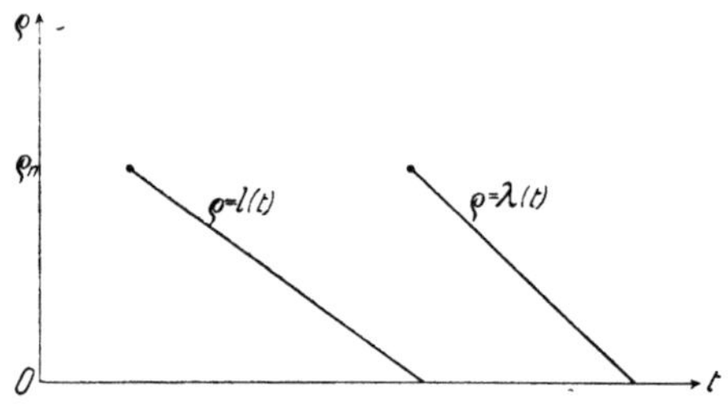

Abb. 7

Man lege nun zu einer beliebigen Zeit t einen Schnitt durch diesen Körper und erhält dann folgende Flächendarstellung:[1]

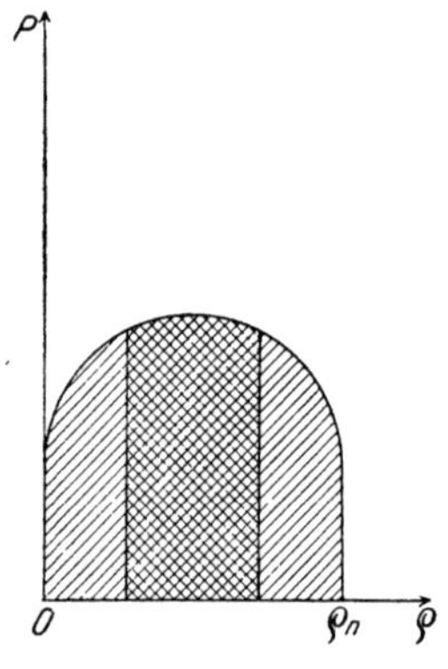

Abb. 8

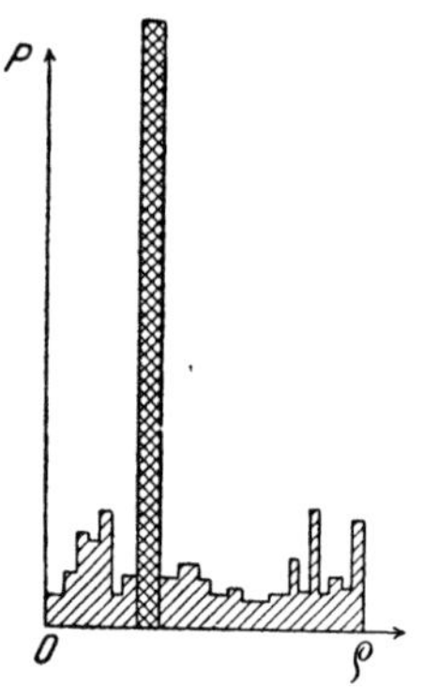

Abb. 9

Abb. 8 und Abb. 9 stellen in einem bestimmten Zeitpunkte t die Koordinaten der Preissummen P und des Reagibilitätsgrades ϱ dar. Nun definiere man eine Funktion $S(t)$ für einen bestimmten Zeitpunkt t, so daß

(8) $$S(t) = \int_{\varrho_0}^{\varrho_n} P(\varrho, t) \, . \, d\varrho$$

[1] Zur Vereinfachung der Darstellung wurde fingiert, daß die Preissummen der einzelnen Preisbildungen abgestufter Reagibilität zueinander in einem solchen Verhältnis stehen, daß die Ordinatenabschnitte, wie in Abb. 6 und insbesondere in Abb. 8 dargestellt, einen Halbkreis bilden. In Wirklichkeit stehen die Größen der *einzelnen* Preissummen zueinander in keinem direkten Verhältnis, sodaß der Querschnitt etwa durch Abb. 9 oder ähnlich wiedergegeben werden müßte. Ein Körper mit derartigem Querschnitt, den unsere Abb. 6 dann abbilden müßte, ist naturgemäß sehr schwer perspektivisch darzustellen und bietet dem Betrachter kein übersichtliches Bild.

Diese Funktion ist also die Zumme aller im Zeitpunkte t erzielten, respektive gezahlten Preissummen auf sämtlichen Märkten. Nun heben wir aus dieser gesamten Summe eine Teilsumme heraus, indem wir alle Preissummen vom Reagibilitätsgrad ϱ_1 bis zum Reagibilitätsgrad ϱ_2 zum Hauptmarkt zusammenfassen. Bezeichnen wir seine Größe im Zeitpunkt t mit $H(t)$, so ist

$$H(t) = \int_{\varrho_1}^{\varrho_2} P(\varrho, t) \,.\, d\varrho \tag{9}$$

Nun definieren wir die Rente als $R(t)$ und erhalten nach (1)

$$R(t) = 2\,H(t) - S(t) \tag{10}$$

Also gilt, daß

$$R(t) \lesseqgtr 0, \text{ wenn} \tag{11}$$
$$2\,H(t) \lesseqgtr S(t)$$

Es erhellt aus Abb. 8, daß im Gleichgewichtszustand die doppelt schraffierte Fläche $H(t)$ genau halb so groß sein muß wie die gesamte schraffierte Fläche $S(t)$. Eine positive Rente liegt vor, wenn $H(t) > \frac{S(t)}{2}$, das Umgekehrte gilt für die negative Rente.

Nun kann zur übersichtlicheren Wiedergabe des zeitlichen Ablaufes von S und H eine neue Form der graphischen Darstellung für die Entwicklung dieser beiden Funktionen in der Zeit gewählt werden:

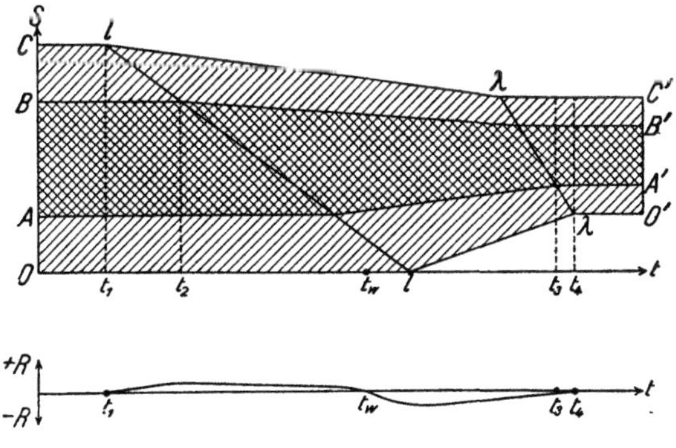

Abb. 10

Auf der Abszissenachse läuft die Zeit t, auf der Ordinate tragen wir den Zahlenwert der früher dargestellten schraffierten Flächen in folgender Weise auf: Vom Ursprung 0 bis zum Punkte A die Preissummen aus Preisbildungen von der Reagibilität ϱ_0 bis zur Reagibilität ϱ_1 (das heißt von kleinerer Reagibilität als der des Hauptmarktes, was in Abb. 8 und 9 durch das links von dem doppelt schraffierten gelegene einfach schraffierte Flächenstück dargestellt wird).

Die nächste Strecke AB stellt die Preissumme des Hauptmarktes (mit der Reagibilität zwischen ϱ_1 und ϱ_2) dar, entsprechend der doppelt schraffierten Fläche in Abb. 8 und 9.

BC bezeichnet die Preissumme mit größerer Reagibilität als der des Hauptmarktes, also zwischen ϱ_2 und ϱ_n, entsprechend der rechts von der doppelt schraffierten Fläche liegenden einfach schraffierten Teilfläche in Abb. 8 und 9.

In der Ruhelage, also vor Eintritt der Preissenkungen, sowie nach deren restlosem Ablaufe ergibt sich aus unseren Erwägungen, daß

(12) $$AB = \frac{OC}{2}$$

Der Einfachheit halber werden die Funktionen l und λ, welche das zeitliche Einsetzen und die zeitliche Vollendung der Preissenkungen wiedergeben, als geradlinig angenommen, wobei sie ex definitione der Reagibilität mit der t-Achse einen stumpfen Winkel bilden; nach den früheren Erwägungen über die funktionelle Verbundenheit von Eintritt und Dauer der Preissenkung wird dieser Winkel bei l größer sein als bei λ.

Bei fortschreitendem Zeitablauf gelangen wir zu einem Zeitpunkt t_1, wo die Preisbildung größter Reagibilität (ϱ_n) sinkende Preise hervorzurufen beginnt. Zwischen den Zeitpunkten t_0 und t_1 herrscht Gleichgewicht und die Rente ist, wie man sich leicht überzeugt, Null. Von hier an ergeben sich wie oben drei mögliche Konstellationen; von denen wir zunächst die allgemeinste untersuchen, die dem früheren Fall b) entspricht: Bei $t_1 > t > t_2$ nimmt $S(t)$ ab, welche Abnahme aber bis t_2 nicht auf Kosten der Preise des Hauptmarktes erfolgt. Daher behält H seinen früheren Wert, und da in der Ruhelage

(13) $$2\,H = S, \text{ nunmehr aber}$$
$$S_t < S_{t_1}, \text{ ist naturgemäß}$$

$2\,H - S > 0$, daher $R > 0$, d. h. es besteht zwischen t_1 und t_2 eine positive Rente.

Unterbrechen wir die zeitliche Entwicklung für einen Moment und versetzen wir uns im Geiste schon in den Zeitpunkt t_4, mit dem infolge endgültiger Senkung auch der am wenigsten reagiblen Preise das neue Gleichgewicht eintritt, in dem also

(14) $$2\,H_{t_4} = S_{t_4}, \text{ daher } R_{t_4} = 0$$

Schreiten wir in der Zeit ein Stückchen zurück, von t_4 bis zu t_3, wo die Preissenkung des Hauptmarktes ausläuft, so haben wir das umgekehrte Bild; es ist dann

(15) $$S_{t_3} > S_{t_4},$$

wobei das Plus ausschließlich von weniger reagiblen Preisbildungen beigestellt wird als denen des Hauptmarktes; es gilt daher

$$H_{t_3} = H_{t_4}, \text{ aber}$$

$$S_{t_3} > S_{t_4}, \text{ und daher}$$

$$2H - S < 0, \text{ demnach } R < 0.$$

Zwischen t_3 und t_4 herrscht eine negative Differentialrente.

Es bleibt die Frage offen, welche Entwicklung sich zwischen t_2 und t_3 abspielt; der Einfachheit halber wird der Ablauf von S und H als kontinuierlich angenommen. Nach (10) ist R eine Funktion von S und H und daher auch als kontinuierlich anzunehmen. Da im Zeitablaufe von t_2 nach t_3, wie wir bewiesen haben, R nach einem positiven einen negativen Wert erhält und als kontinuierliche Funktion anzusehen ist, muß es zwischen t_2 und t_3 einen Punkt t_w („Wendepunkt") geben, wo R gleich Null ist, welcher Punkt die zeitliche Abgrenzung zwischen positiver und negativer Differentialrente darstellt.

Für die beiden Grenzfälle, in denen der Hauptmarkt an der Spitze oder am Ende der Reagibilitätsskala steht, ergibt sich eine analoge Ableitung, nur daß in ersterem Falle die positive, in letzterem die negative Rente vollständig wegfällt.

Schließlich ist am Fuße der Abb. 10 eine Darstellung der geldlichen Höhe der jeweiligen Differentialrente in den Maßen dieser Abbildung gegeben.[1]

Ausdehnung auf den gesamten Konjunkturablauf

32. Gemäß der Einschränkung unserer Untersuchung auf die Periode des Krisenablaufes (der allgemeinen Preissenkung) haben wir auch die graphische und mathematische Darstellung nur auf diesen Teilablauf des gesamten Konjunkturzyklus bezogen. Um dies tun zu können, mußten wir die Annahme machen, daß der Zustand, welcher vor Einsetzen dieser allgemeinen Preissenkung herrscht, ein echter Gleichgewichtszustand ist. Von diesem Zustand, welcher in jenem Augenblick vorliegt, in dem der Umschwung von der allgemeinen Preissteigerung zur allgemeinen Preissenkung stattfindet, wurde früher (S. 43) auseinandergesetzt, daß in ihm keineswegs ein stabiles, sondern nur ein labiles Gleichgewicht besteht; es werden in diesem, der allgemeinen Preissenkung unmittelbar vorhergehenden Zeitpunkte oder Zeitraum ganz bestimmt sehr große Disproportionalitäten der Preise vorhanden sein, welche endogene Ursachen dafür bilden, daß dieses Preissystem nicht aufrecht bleiben kann, also gerade das Gegenteil von dem, was wir unter einem Gleichgewicht der Preise verstehen.

---

[1] Für freundliche Unterstützung bei der Formulierung dieser Ableitung habe ich Herrn Dr. GERHARD TINTNER, Wien, bestens zu danken. D. Verf.

Wenn wir demnach auf diese wirklichkeitsfremde Annahme eines Gleichgewichtes im Augenblick des Umschwunges verzichten wollen, anderseits aber unsere Ableitungen dennoch auf die Periode erstrecken wollen, welche zwischen zwei Gleichgewichtszuständen abläuft, bleibt nichts übrig, als die Ableitungen für den gesamten Ablauf vorzunehmen, welcher zwischen dem Zeitpunkte vor Eintreten der allgemeinen Preissteigerung und dem nach Beendigung der allgemeinen Preissenkung herrscht, also für einen vollen Konjunkturzyklus. Bei der graphischen Darstellung wird es am sinnfälligsten dadurch möglich sein, daß man sich die verschiedenen Abbildungen (ausgenommen 8 und 9) derart um 180 Grad um die Ordinatenachse geschwenkt denkt, daß im linken oberen Quadranten das beiläufige Spiegelbild der bisher nur im rechten oberen Quadranten wiedergegebenen Diagramme aufscheint. Nur dürfen wir uns keiner Täuschung darüber hingeben, daß zwischen den Bildern im linken und rechten oberen Quadranten keineswegs volle Symmetrie herrscht. Die Abweichung ist darin begründet, daß, wie im Kapitel „Preisveränderungen" ausführlich dargelegt wurde, die Reagibilität der Märkte in der Preissteigerung eine andere ist als in der Preissenkung; es sind daher in den Zeitpunkten, in denen die Preissteigerung die einzelnen Märkte erreicht, andere Lags vorhanden als in den korrespondierenden Zeitpunkten, in denen dieselben Märkte von der Preissenkung erreicht werden.

Ebenso werden bei der mathematischen Ableitung den einzelnen Preisbildungen in der einen Periode andere Reagibilitäten koordiniert sein als in der anderen Periode.

VII. Verluste infolge der Krise

33. In unserem Begriffskatalog waren drei Kategorien von solchen angegeben: Negative Differentialrenten, Kapitaleinbußen und schließlich Verluste durch Schrumpfung der Wirtschaft. In der bisherigen Erörterung hat das an erster Stelle genannte Phänomen einen breiten Raum eingenommen, da es als intertemporale Gleichgewichtsstörung theoretisch besonders interessant und in der Literatur noch kaum behandelt worden ist. Die beiden anderen Kategorien erfordern keine so ausführlichen Untersuchungen und es scheint nur angezeigt, die Abgrenzung der drei Gruppen gegeneinander zu erörtern und das Notwendigste über die beiden letzten darzulegen.

Dem unbefangenen Betrachter der Tabellen 10, 11 und 12 wird sich ein gewisses Befremden darüber aufdrängen, daß bei gewissen Wirtschaftsgruppen schon im ersten Stadium der Krise positive Differentialrenten aufscheinen, bei einzelnen Gruppen sich tief in den Krisenverlauf fortsetzen und bei einer sogar unmittelbar in den Gleichgewichtszustand münden. Das würde bedeuten, daß gewisse Klassen der Bevölkerung während geraumer Zeit der Krise eine erhebliche Verbesserung ihrer ökonomischen Lage erfahren, da sie auf gewissen Märkten Erleichterungen in ihrer Ausgabenwirtschaft genießen, ohne bereits auf ihrem Hauptmarkte eine Verminderung ihrer Einkünfte erfahren zu haben. Wie reimt sich das damit zusammen, daß man in Krisenzeiten ziemlich unterschiedslos aus allen Klassen der Bevölkerung nichts als Klagen vernimmt? Selbst wenn man annehmen würde, daß derjenige, welcher von der Krise profitiert, dies aus naheliegenden Gründen verschweigt — und eine solche Vermutung mag bis zu einem gewissen Grade berechtigt sein — können solche positive Krisenrenten doch nicht einen übermäßigen Raum in der Einkommensverteilung einnehmen. Hier liegt ein scheinbarer Widerspruch vor, der der Aufklärung bedarf.

Sämtliche Tabellen zeigen nämlich nur, wann und wo positive Differentialrenten entstehen durch Käufe und Verkäufe, welche von demselben Individuum *zu gleicher Zeit* gemacht werden. Wenn z. B. ein Kleinhändler im zweiten Stadium der Krise Ware im Großhandel zu dessen bereits gesunkenen Preisen einkauft und sie sofort zu den noch auf alter Höhe sich haltenden Detailpreisen verkauft, wird er die positive Krisenrente genießen, welche in unseren Tabellen in dem zweiten Rechteck (von oben) der vierten Vertikalkolonne (von links) ausgedrückt ist. Ist dagegen die Ware, welche er verkauft, noch vor Eintritt der Preissenkung im Großhandel von ihm gekauft worden, so entsteht für ihn naturgemäß keine positive Differentialrente. Da nun, wie festgestellt wurde, die Preissenkung in der Krise sich nicht mit einem Schlage vollzieht, sondern allmählich, und da sich die Preissenkungen zeitlich überschneiden, wird er in vielen Fällen noch Ware auf Lager haben, deren Gestehungskosten (zuzüglich Regien usw.) für ihn solche sind, daß sie zu den Detailverkaufspreisen, welche im gegebenen Momente erzielbar sind, Verluste mit sich bringen. Trotzdem müßten diese Detailverkaufspreise infolge des ihnen innewohnenden Lag gegenüber einer gleichen Ware, welche im gleichen Augenblick oder unmittelbar vorher im Großhandel eingekauft worden wäre, eine positive Differentialrente ergeben. Nur in den Fällen und nur für denjenigen Teil der Umsätze, bei welchen die Preisdifferenz auf den verschiedenen Märkten durch annähernd *gleichzeitigen Kauf und Verkauf* wirklich ausgenützt werden kann, entstehen demnach die positiven Differentialrenten. Dies wird daher in erster Linie bei solchen Betrieben zutreffen, in denen der Umsatz der Güter naturgemäß ein sehr rascher und die Lagerhaltung eine kurze ist, wie bei denen des Kleinhandels in Lebensmitteln (vor allem leichtverderblichen) und dergleichen. Aber auch bei Gütern anderer Art ist dem Geschäftsmann, wenn er genügend weitblickend und entschlossen ist, ein weiter Spielraum für richtige Einkaufs- und Verkaufsdisposition gegeben.[1]

Es ist begreiflich, daß dieser Sachverhalt für die Einkommensbildung in der Krise von erheblicher Bedeutung ist; denn die Wirtschaft arbeitet mit sehr großen Vorräten aller Art, und bei einer allgemeinen dauernden Preissenkung bedingen diese Vorräte Verluste. Hierauf ist es zurückzuführen, daß man in Krisenzeiten so oft von Geschäftsleuten den Ausspruch hört: „Der Geschäftsgang wäre ja nicht so arg, aber die Preise sind so schlecht!" Gemeint ist, daß die Waren zwar absetzbar sind, aber nur zu Preisen, die gegenüber dem seinerzeitigen Anschaffungspreis unbefriedigend sind. Wären die betreffenden Waren erst jetzt oder unmittelbar vorher eingedeckt worden, würden die erzielbaren Preise keinen Anlaß zur Klage geben. Aus diesem Grunde herrscht vom Augenblick des Abbrechens der Hochkonjunktur an in allen Kreisen das Bestreben, die Lagerhaltung auf ein Minimum herabzudrücken, und eine Änderung dieser allgemeinen Tendenz bildet regelmäßig eines der ersten Anzeichen der beginnenden Besserung. Die Lagerhaltung ist einer der elastischesten Faktoren der Wirtschaftsführung und von eminenter konjunkturpolitischer Bedeutung. Die Schwankungen, welche der Konsum infolge des sich konjunkturmäßig ändernden Wohlfahrtsstandes der Menschen mitmacht, erfahren eine potenzierte Wirkung auf die Absatzmöglichkeiten der Produktion dadurch, daß alle Zwischenglieder, welche auf dem Wege von der Auffangung der elementaren Produktionskräfte bis zur Auslieferung des genußreifen Gutes an den Konsumenten tätig sind, ihrer Meinung über die künftige Absatz- und Preisgestaltung durch Reduzierung oder Vergrößerung ihres Lagers Ausdruck geben.[2] Wenn man das beliebte Bild anwendet, wonach der Produktionsaufbau die Gestalt einer Pyramide hat, an deren Spitze sich die konsumfernsten Produzenten befinden, während an der breiten Basis jene Händler sind, die das Publikum unmittelbar beliefern, so ist es klar, daß in jeder der vielen Schichten dieser Pyramide ständig Güterlager von abgestuften Stadien der Konsumnähe vorhanden sind und daß es innerhalb gewisser

---

[1] So hat ein oft genannter tschechoslowakischer Schuhindustrieller im Frühling des Jahres 1919 schon bei den ersten Anzeichen einer energischen Deflation, welche den Geldwert später auf die dreifache Höhe trieb, seine Verkaufspreise so radikal und durchgreifend herabgesetzt, daß er dem damaligen Ausmaß der Steigerung der tschechoslawakischen Krone weit vorauseilte. Er konnte dadurch so gut wie sein ganzes Lager zu Preisen abstoßen, welche damals dem Publikum recht attraktiv erschienen, aber durch den späteren Preissturz sehr bald überholt wurden. Er konnte dann zu den auf tiefem Niveau stehenden Großhandelspreisen neu einkaufen, produzieren und große Gewinne erzielen.

[2] Vgl. PIGOU, Industrial fluctuations, IInd Ed., London 1929, S. 26 und an vielen anderen Stellen.

Grenzen von dem Urteil und dem Willen der Zwischenproduzenten (Händler) abhängt, wie groß die bei ihnen angesammelte Gütermenge ist. Hiebei ist noch zu bemerken, daß die Möglichkeit, die Lager zu vergrößern oder zu verkleinern, nicht in allen Schichten die gleiche ist. Der Urproduzent ist häufig durch naturgegebene Bedingungen nicht in der Lage, ohneweiters und in kurzer Frist seinen Produktionsumfang zu verringern. Das Getreide, das angebaut ist, muß eingebracht werden. Hersteller von Zwischen- oder Finalprodukten, welche langwierige Produktionsumwege eingeschlagen haben oder deren Betrieb dem Gesetze der abnehmenden Kosten unterliegt, können auch nicht sofort und ohne große Opfer die Menge der von ihnen besessenen Güter stark einschränken. Aber auch der Detailhändler, der seine Kunden nicht verlieren will, muß ein assortiertes Lager halten, wenn er auch noch so sicher zu wissen glaubt, daß er die Waren später billiger einkaufen könnte als heute. Die Bewegungsfreiheit ist in der Regel im Börsen- und Großhandel wesentlich größer als beim Urproduzenten und beim Detailhändler; daher kommt es, daß in Krisenzeiten die „sichtbaren Warenvorräte", welche für die Preisbestimmung der Stapelartikel so maßgebend sind, ein so besonders ungünstiges Bild bieten, während bei Hochkonjunktur das Umgekehrte der Fall ist. Es ist ein falscher optischer Eindruck, daß die Warenvorräte beim Konjunkturabstieg wirklich so viel größer sind als beim Aufstieg; nur ihre Verteilung ist eine andere; von der so erschreckend großen Ziffer der „sichtbaren Warenvorräte" ist auch bei guter Konjunktur ein sehr erheblicher Teil vorhanden, nur befindet er sich dann nicht bei den Baumwollabladern, in den Lagerhäusern, Zuckerfabriken usw., wo die statistische Erfassung möglich ist und geschieht, sondern er befindet sich in kleinere und kleinste Quantitäten verteilt bei den Großhändlern und Zwischenproduzenten bis zum kleinsten Dorfkrämer.

Es ist bereits angedeutet worden, aus welchen Gründen eine gewisse und sogar ziemlich weitgehende Lagerhaltung in der Wirtschaft unbedingt nötig ist. Es sind dies:

1. Gegebenheiten, welche mit der natürlichen Periodizität vieler Produktionen zusammenhängen: in der gemäßigten Zone erntet man nur einmal im Jahre, während die Produkte das ganze Jahr zur Versorgung nötig sind.

2. Die technische Produktion spielt sich in der Zeit ab; es ist daher notwendig, daß die Güter, welche kombiniert oder separiert oder in andere Form gebracht werden sollen, auch durch längere Zeit in der Hand des Produzenten sind. Dies gilt in ganz besonderem Maße von ausdauernden Gütern, dem festen Kapital, dessen bestimmungsgemäße Ausnützung von vornherein auf weitreichende Perioden berechnet ist. Bei spezifischen Gütern besteht ferner die Unmöglichkeit, sie ohne enorme Verluste in leicht realisierbare Beschaffenheit zurückzuführen.

3. Die Organisation der Märkte, insbesondere der Groß- und Detailhandel ist so angelegt, daß es in der Regel in das Belieben des Käufers gestellt ist, wann er Güter erwerben kann, und daß der Lieferant, wenn er nicht die „Leistungsfähigkeit" zu verlieren wünscht, mit einem wohl assortierten Lager zur Verfügung stehen muß. Die Lager sind auch erforderlich, um die Schwankungen des Konsums aufzufangen, welche sich vielfach jeder Berechnung entziehen. Dies bezieht sich auf alle Güter, nicht nur solche des Konsums, sondern auch auf ausdauernde. Nur wenn es sich um Güter höchst spezifischer Natur oder außergewöhnlicher Art handelt, die also nur für einen oder wenige Reflektanten in Betracht kommen, hat nach der herrschenden Gepflogenheit der Käufer nicht den berechtigten Anspruch darauf, die Ware auf Lager vorzufinden. Dies gilt sowohl für eine Maschine, die nur für einen selten vorkommenden Produktionsprozeß oder eine bestimmte Örtlichkeit geeignet ist, wie für einen Hut, Hemdkragen oder Schuh von außergewöhnlicher Größe.

In dem hier angedeuteten Rahmen ist die Lagerhaltung eine Notwendigkeit und nur die darüber hinausgehende zusätzliche Bevorrätigung der Industriellen und Kaufleute, welche man als spekulative Lagerhaltung bezeichnen könnte, unterliegt ihrem eigenen Entschlusse. Es gibt allerdings bei gewissen Gütern und gewissen Märkten Möglichkeiten, auch bei Beibehaltung der notwendigen Lagerbestände sich vor Verlust durch den Preisrückgang zu schützen. Dies ist bei den großen internationalen Stapelartikeln möglich, in denen ein Termingeschäft besteht. So kann der Zuckerfabrikant, der in einer Kampagne von wenigen Wochen seine Gesamtproduktion herausbringt, durch solche Terminverkäufe (futures) an einer der internationalen Zuckerbörsen seine Kalkulation von der kommenden Preisbewegung unabhängig machen, ohne sich seiner Vorräte forciert zu entäußern. Solche Auswege bestehen aber nur für bestimmte Märkte und bei bestimmten Gütern.

34. Es wurde bereits erwähnt, daß sich unter den Gütern, welche die Wirtschaftssubjekte notgedrungenermaßen so dauernd besitzen müssen, daß die zeitliche Übereinstimmung zwischen Kauf und Verkauf unmöglich ist, in besonderem Maße ausdauernde Güter befinden müssen. Und zwar ist darunter nicht die technische Qualität dieser Güter gemeint, welche, wenn sie in der Hand des betreffenden Wirtschaftssubjektes Waren darstellen, derselben Freiheit in der Einkaufs- und Verkaufsdisposition[1] unterliegen wie verbrauchbare Güter. Es ist hiebei vielmehr an das feste Kapital gedacht, mit dem die einzelnen Produzenten operieren und welches von vornherein darauf angelegt ist, daß sich der Besitzer seiner durch lange Zeit bedienen wird und es nur ganz allmählich amorti-

[1] Allerdings nur mit jenen Einschränkungen, welche MACHLUP (Börsenkredit, Industriekredit und Kapitalsbildung, Wien 1931, S. 135ff.) festgestellt hat.

sieren kann. Es herrscht da ein ganz ähnlicher Sachverhalt, wie wenn ein Kaufmann Güter, die er auf Lager hat, heute so billig einkaufen könnte, daß er sie mit Nutzen zu verkaufen in der Lage wäre, hievon aber nicht profitieren kann, weil er noch alte teuere Waren auf Lager hat. In derselben Situation befindet sich der Fabrikant, der teuere Maschinen angeschafft hat, deren Kauf ihm aber bei dem Preise der Produkte, den er damals kalkulierte, rentabel erschien. Heute ist der Preis der Produkte ein viel tieferer und das Ergebnis des Einkaufes der Maschinen, welche noch keineswegs amortisiert sind, bildet eine bittere Enttäuschung.

Um diese Frage richtig zu beurteilen, muß man den ganzen Krisenablauf im Geiste überspringen und sich vorstellen, daß die Preise ihr Gleichgewicht wieder erhalten haben. Da sich an der technischen Leistungsfähigkeit der Maschine nichts geändert hat, wird ihre Produktion dieselbe Zahl und Güte haben wie vor dem Preisabbau; nur wird der Geldpreis dieser Produktion ein wesentlich niedrigerer sein. Da aber die Preissenkung eine allgemeine war und sich infolge Ausschaltung der dynamischen Momente unterschiedslos auf sämtliche Güter erstreckte, werden für diesen verringerten Preis genau so viele Güter derselben Qualität und Art erhältlich sein, wie sie aus dem Produkte der Maschine vor Eintritt der Preissenkung beschaffbar waren. Bei Wiederherstellung des Gleichgewichtes der Preise — wobei wir natürlich wieder annehmen, daß inzwischen keine Verschiebung der Preise untereinander stattgefunden hat — wird also diese Maschine, in irgend welchen Gütern anderer Art ausgedrückt, denselben Ertragswert haben wie vorher, nur der geldliche Nominalertrag wird ein geringerer sein und daher auch ihre Kapitalisierung (Bewertung) in Geld. Der betreffende Fabrikant wird sich sagen: „Es ist schade, daß ich diese Maschinen vor drei Jahren gekauft habe, heute könnte ich sie für den halben Preis bekommen." Es ist auch richtig, daß er, wenn er mit dem Einkauf bis heute zugewartet und die hiefür nicht aufgewendete Geldsumme reserviert hätte, die Maschine für den halben Preis bekommen hätte und daß die ersparte Hälfte für ihn einen reinen Gewinn darstellen würde. Dies ist der Vorteil, den die Besitzer von Geld oder guten Forderungen aus einem krisenmäßigen Preisabbau ziehen und der in der Wertsteigerung des Geldes gelegen ist. Wenn der Fabrikant daher darüber klagt, daß er seinerzeit mit dem Kaufe der Maschine ein schlechtes Geschäft gemacht habe, so beklagt er nicht damnum emergens, sondern lucrum cessans.

Diese Argumentation gilt allerdings nur für den Fall, daß der Besitzer solcher ausdauernder Güter sie aus seinem eigenen Vermögen angeschafft hat, d. h. daß er dagegen kein Geld schuldig ist. In diesem Falle wird nach Beendigung der Preissenkung sein Vermögen, in anderen Gütern ausgedrückt, genau dasselbe sein wie vorher, immer wieder unter der Voraussetzung, daß inzwischen keine Änderungen der Technik oder

der Bedürfnisse der Käufer stattgefunden haben. Ganz anders aber liegt die Sache, wenn er gegen sein festes Kapital Geldschulden hat. Die frühere Kalkulation, diese aus dem Geldertrag der hergestellten Produkte zu tilgen, ist dadurch umgestoßen worden, daß der Geldertrag weit hinter dem präliminierten zurückbleibt. Die geschuldete Summe repräsentiert nach geschehenem Preisabbau ein viel größeres Güterquantum als vorher. Zu ihrer Abtragung müssen auch noch andere Vermögensteile des Schuldners herangezogen werden und wenn es an solchen fehlt, tritt dessen wirtschaftlicher Zusammenbruch ein.

Schon früher wurde darauf hingewiesen, daß die günstige Stellung des Besitzers von Geld oder guten Forderungen nach dem Preisabbau darin besteht, daß diese Teile seines Vermögens nunmehr einem viel größeren Güterquantum entsprechen als vorher. Dies bedeutet, daß jene anderen Vermögensteile, welche der Schuldner heranziehen muß, um seinen Gläubiger zu befriedigen, da die ursprünglich für diese Befriedigung bestimmte Produktenmenge hiezu nicht mehr ausreicht, aus dem Vermögen des Schuldners in das des Gläubigers übergehen. So sehr dies auch vielfach vom menschlichen und sozialen Standpunkte bedauerlich sein mag, würde es doch nur Einkommens- und Vermögensverschiebungen zwischen den verschiedenen Subjekten der Wirtschaft bedeuten, während man doch im allgemeinen der Meinung ist, daß durch eine große nachhaltige Krise auch absolute Kapitalsverluste eintreten, d. h. der Güterbestand der Volkswirtschaft eine Verminderung erfährt. Dies scheint besonders dann der Fall zu sein, wenn der Schuldner gar nicht genug besitzt, um den Gläubiger zu bezahlen, also kein Übergang aus dem Vermögen des einen in das des anderen stattfindet, sondern der Gläubiger den Verlust an seiner Forderung durch einen Abstrich von seinem Vermögen registrieren muß. Nun hat aber der geschädigte Lieferant die Maschine, bzw. die zu deren Herstellung erforderlichen Produktionsmittel doch seinerzeit zu den damals geltenden hohen Preisen gekauft und bezahlt, die seinerzeitigen Verkäufer oder irgend welche andere Personen müssen noch im Besitz der Summe sein, um die seinerzeit mehr gezahlt wurde, als die Maschine heute wert ist! Selbst wenn also der Gläubiger unseres Fabrikanten den Vermögensverlust erleidet, muß doch der seinerzeitige Hersteller der Maschinen (oder einer seiner Hintermänner) noch im Besitze des Überpreises sein, den sie seinerzeit erhalten haben, bzw. sie müssen davon profitieren, daß sie für das seinerzeit empfangene Geld heute zu den gesunkenen Preisen ein zusätzliches Güterquantum kaufen können, welches genau dem Vermögensverluste des geschädigten Gläubigers entspricht.

35. Dieser Überpreis müßte auch tatsächlich noch vorhanden sein, wenn in der betreffenden Wirtschaft nur Sachkredit (nach der Terminologie von Mises) herrschen würde, aber kein fiduziärer. In diesem Falle

würden die Preise tatsächlich nur die Verteilung des Einkommens zwischen den verschiedenen Wirtschaftssubjekten bestimmen, wie dies die Lehren der Preistheorie aussagen. Wenn aber in einer Wirtschaft Inflation herrscht, dann verteilen die Preise auch ein Einkommen, bzw. Kapital, das gar nicht vorhanden ist und die Rechnung wird präsentiert, sobald die unvermeidliche Deflation einsetzt. Wenn es in einer Wirtschaft nur Sachkredit gäbe, müßte eben bei irgend jemand immer ein Güterquantum vorhanden sein, welches die Deckung eines jeden eingeräumten Kredites bildet.

Nimmt man an, der Fabrikant hätte die Maschine seinerzeit mit einem Wechsel bezahlt und der Verkäufer (oder die Lieferanten seiner Produktionsmittel) hätten diesen Wechsel bei der Notenbank diskontiert, welche zu diesem Zwecke zusätzliche Noten ohne Deckung druckte. (Dieser einfachste Fall der Inflation sei der Übersicht halber angenommen.) Die Notenbank würde in diesem Falle Rücklösung des Wechsels von dem Verkäufer der Maschine, bzw. seinen Lieferanten, verlangen, so daß diese den Überpreis, welchen sie erhalten haben, wieder opfern müssen, da der Schuldner selbst zur Einlösung des Wechsels nur jene Summe beitragen kann, welche der gesunkene Wert der Maschine darstellt. Die Notenbank bekommt zwar eine ebenso große Geldsumme zurück, wie sie seinerzeit verliehen hat, und diese Geldsumme bedeutet heute eine viel größere Kaufkraft als seinerzeit, die Bank hat aber hievon keinen Vermögensgewinn, da die ausgegebenen Noten in ihrer Bilanz eine durchlaufende Post darstellen und sie durch Einziehung der Noten zwar ein Passivum in entsprechender Höhe ausmerzt, durch Aushändigung des bisher in ihrem Vermögen gewesenen, auf Geld lautenden Wechsels aber die gleiche Summe an Aktiven einbüßt. In diesem Falle wird also der Schuldner den Verlust erleiden, der durch die Wertsteigerung der von ihm geschuldeten Geldsumme entsteht, aber kein anderer wird einen gleichen Vermögenszuwachs dadurch haben, daß seine Forderung nunmehr mit einer größeren Kaufkraft ausgestattet ist. Dieser Fall, der an einem besonders einfachen Beispiel demonstriert wurde, kann natürlich nicht nur bei festem Kapital eintreten, sondern auch bei umlaufendem, das mit Schulden belastet ist und aus Gütern besteht, welche durch die Preissenkung erfaßt werden. Er ereignet sich im Krisenverlaufe überaus häufig, ja er ist sogar als eine gesetzmäßige Erscheinung anzusehen. Da echte Deflationskrisen, welche allein den *allgemeinen* Rückgang sämtlicher Preise hervorzurufen geeignet sind, nur dort stattfinden können, wo Inflation herrschte, und die inflationistische Kreditgewährung durch irgend welche individuelle Kreditgeber gehandhabt worden sein muß, gehören derartige sogenannte Kapitalsverluste, welche mehr sind als bloße Kapitalsverschiebungen, zu den Kriterien der Liquidation einer Konjunkturkrise. Wir sagten „sogenannte Kapitalsverluste“: denn in Wirklichkeit *war das Kapital*, welches hier scheinbar verloren geht, *niemals vorhanden*; nur durch die Fata Morgana der Inflation wurde den wirtschaftenden Menschen vorgetäuscht, daß der Güterbesitz der Wirtschaft ein größerer sei, als er wirklich war; der geschilderte Vorgang ist nichts anderes als die Richtigstellung dieses falschen optischen Bildes, durch welche das Scheinvermögen in den Händen derer zerrinnt, welche die Spielmarken für bare Münze genommen haben.[1]

Aus dem dargelegten Sachverhalt geht hervor, daß durch die Preissenkungen *allein* keinerlei Verluste an Kapital eintreten können, welche nicht dem Vermögen eines anderen Wirtschaftssubjektes wieder zufließen. Nur dort, wo Inflation herrscht, wird durch Abwertung der im Hochschwung geltenden Preise die Nominalsumme des gesellschaftlichen Vermögens wieder mit dem wirklich vorhandenen in Einklang gebracht. Dies ist nun allerdings, wie bereits erwähnt, der Sachverhalt, dem die vorliegende Untersuchung gilt, denn nur Inflation kann eine Situation schaffen, in der die Senkung *aller* Preise eintreten muß und eintritt. Technische Veränderungen in der Sphäre der Produktion oder Wechsel der Kosumneigungen können einzelne Preise verändern, nicht aber deren Gesamtheit nach einer Richtung hin.

36. Wohl aber kann Kapital dadurch zugrundegehen, daß es in der Periode des Hochschwunges *fehlgeleitet*[2] wird. Es wäre aber logisch unrichtig, diese Verluste der Krise zuzurechnen, welche die Wirtschaft in den Gleichgewichtszustand zurückführt; vielmehr muß man darüber im klaren sein, daß dieses Kapital durch die Art seiner Veranlagung, welche

[1] CASSEL, a. a. O., S. 577: „Die in der Hochkonjunktur zunehmende Knappheit des Kapitalsangebotes wird natürlich in einer für die ganze Unternehmerwelt verwirrenden Weise verschleiert durch die in dieser Periode gewöhnliche starke Vermehrung der Bankzahlungsmittel, welche selbstverständlich für den einzelnen Unternehmer als Kapital gelten.“

[2] Der Begriff der Kapitalfehlleitungen hat soviele verschiedene Bedeutungen, daß es wünschenswert ist, eine Klarstellung vorzunehmen. Es gibt zunächst eine *technische* Fehlleitung, die darin besteht, daß Produktionsverfahren eingeschlagen werden, die technisch unzweckmäßig sind; d. h. daß sie nicht jenes Optimum an Menge und Qualität der erzeugten Waren erreichen, welches durch den gegebenen Stand der Technik erforderlich ist, um dem Wettbewerbe standhalten zu können. Ein Anderes ist die *ökonomische* Fehlleitung, bei der wieder zwei verschiedene Hauptfälle zu unterscheiden sind. Der erste besteht darin, daß bei Einleitung der Produktion die künftige Nachfrage irrtümlich beurteilt wird, so daß der Preis und die Absatzfähigkeit des erzeugten Produktes hinter den Erwartungen zurückbleiben und die Kapitalsinvestition sich nachträglich als verfehlt herausstellt. Der zweite Fall, welcher konjunkturtheoretisch der wichtigste ist, liegt dann vor, wenn der Produktionsumweg zu lang bemessen worden ist. Da der Stand der technischen Entwicklung innerhalb gewisser Grenzen die Anzahl und Art der Halbfabrikate ziemlich eindeutig vorschreibt, handelt es sich hier hauptsächlich um die Herstellung von ausdauernden Gütern, die Veranlagung von festem Kapital. Das Fehlurteil besteht hier entweder darin, daß mit einem Zinsfuß gerechnet wurde, der durch die Nutzleistungen der geschaffenen

den damals *wirklich* herrschenden Verhältnissen nicht angemessen war, verloren ging und nicht dadurch, daß diese rauhe Wirklichkeit durch die Krise allen zum Bewußtsein gebracht wird.

Wenn man von diesen Verlusten fehlgeleiteten Kapitals absieht, welche nicht auf Rechnung des Krisenverlaufes gesetzt werden dürfen, hat man das Augenmerk demnach nur auf jene Kapitalsverluste zu richten, welche dadurch entstehen, daß Güter zum Verkaufe zu Preisen gelangen, welche nicht jenen entsprechen, zu denen diese Güter oder die zu ihrer Herstellung erforderlichen Produktionsmittel seinerzeit erworben worden sind. Auch hier handelt es sich um Differentialpreise, nur mit dem Unterschied, daß die echten Differentialrenten aus Preisverschiedenheiten hervorgehen, welche *gleichzeitig* auf verschiedenen Märkten herrschen, während die Kapitalsverluste der Einzelwirtschaften auf Differenzen der Preisniveaus beruhen, welche *zu verschiedenen Zeiten* auf den Märkten bestanden haben.

37. In unserer Aufzählung hatten wir noch eine dritte Kategorie von Krisenverlusten angeführt, nämlich die, welche durch Schrumpfung der Wirtschaft entstehen. Hieraus ist von vornherein die Verringerung der Geldumsätze auszuschalten, welche sich durch den allgemeinen Niedergang des Preisniveaus ergibt. Da die verringerten Preissummen dasselbe Quantum anderer Güter repräsentieren, die für sie früher erhältlich gewesen waren, muß sich aus der rein nominalen Verringerung der in Bewegung gesetzten Geldbeträge noch keine Veränderung der Einkünfte der Marktparteien ergeben. Anders steht es mit den wirklichen Güterumsätzen, deren Ausmaß in der Krise erfahrungsgemäß einen starken Rückgang aufweist und daher, ganz abgesehen von etwaigen Verkleinerungen und Vergrößerungen der Differenz zwischen den Kaufs-

dauerhaften Güter seine Deckung nicht findet, oder darin, daß aus dem vorhandenen oder inflatorisch vorgetäuschten Kapitalsbestand eine Investition gemacht wird, deren Amortisation sich auf eine so lange Zeit erstreckt, daß sie mit Rücksicht auf die nunmehr ungenügende Höhe des durch diese Investition reduzierten Kapitalsbestandes nicht ausgewartet werden kann. Dieser Sachverhalt kann unter Umständen zur Außerbetriebsetzung der Anlage führen, wenn nicht einmal die rentable Aufbringung des umlaufenden Kapitals mehr gegeben ist; er kann darüber hinaus unter Umständen sogar zur Folge haben, daß die Anlage abgebrochen, die darin investierten Güter in weniger spezifische Form zurückverwandelt und kürzeren Produktionsumwegen zugeführt werden. Erweist sich auch dieser Weg infolge der damit verbundenen Kosten oder der Hoffnung auf baldige Besserung der Situation als nicht angezeigt, so wird die Anlage vorläufig oder dauernd stillgelegt werden. Wenn nicht das gesamte Unternehmen, sondern nur seine übermäßige Ausdehnung als Fehlleitung zu betrachten ist, muß mit stark verringerter Kapazität gearbeitet werden, wobei die festen Kosten eine schwere Belastung darstellen. In allen diesen Fällen bedeutet der verminderte Ertragswert solcher Anlagen eine Verminderung seiner Kapitalisation, demnach einen Kapitalsverlust.

und Verkaufspreisen desselben Individuums, eine Verringerung der Summe der normalen Produktions- und Händlernutzen mit sich bringt, welche das Einkommen dieser Gesellschaftsklassen bilden. Dieser Rückgang der wirklichen Umsätze wird im wesentlichen durch drei Ursachen hervorgerufen; die erste hievon ist die bereits früher erwähnte Einschränkung der Lagerhaltung. Sobald jene allgemeine Einstellung der Geschäftsleute vorliegt, welche diese ihre Vorräte nach Möglichkeit zu reduzieren veranlaßt, erfolgt die Belieferung der Konsumenten zwar in gewohnter Weise aus den Beständen der konsumnächsten Märkte, die Nachschaffung der Güter wird aber von den Händlern auf den höheren Märkten nur mit einem Bruchteile des abgestoßenen Quantums vorgenommen. Dieser Prozeß setzt sich in der Richtung nach der Spitze der früher erwähnten Pyramide fort und macht erst dort halt, wo der Umfang des Güterbestandes aus den ziemlich ausführlich dargelegten Gründen der Regulierung durch die Wirtschafter in weitgehendem Maße entzogen ist. Da auch die Detailhändler bis zu einem gewissen Grade assortiert bleiben müssen, wirkt sich dieser Rückgang der Umsätze am stärksten in den mittleren Schichten der Pyramide aus, d. h. in der Erzeugung von Zwischen- und Finalprodukten, und dem Großhandel; die Urproduktion ist in der Anpassung an die Verringerung der Umsätze schwerfällig, Änderungen der Anbaufläche werden nicht so schnell und leicht vorgenommen, Kohlen sammeln sich auf den Halden an usw.; anderseits zeigen auch die Umsätze im Detailhandel keine so weitgehende Abnahme wie die im Großhandel, was aus den Ausweisen von chain-stores und Warenhäusern hervorgeht.

Die zweite Ursache der Umsatzschrumpfung liegt in der verringerten Kaufkraft des Publikums. Alle die bisher angeführten Einkommensausfälle, negative Differentialrenten, Kapitalsverluste und Ausfälle an Produktions- und Händlergewinn, dazu Geldknappheit und Angst vor der Zukunft veranlassen die Konsumenten, ihren Lebensstandard möglichst niedrig zu halten, Anschaffungen des höheren oder Luxusbedarfes zu vermeiden oder nach Tunlichkeit aufzuschieben. Hiebei mag die Erwartung, in Zukunft noch billiger einkaufen zu können, auch eine gewisse Rolle spielen. In den höheren Einkommensstufen, in denen sich die Ausgaben wesentlich über dem physischen und kulturellen Existenzminimum halten, ist die Elastizität des Budgets eine ziemlich große. Auch hier gibt es naturgemäß mehr oder minder starre Elemente, wie etwa der Wohnungsaufwand; aus psychologischen Gründen ist eine Herabsetzung der äußeren Form der Lebenshaltung mit besonderen Hemmungen verbunden, so daß Ersparnisse vielfach nicht dort werden gemacht werden, wo die aufgegebenen Genüsse am leichtesten zu entbehren wären, sondern bei solchen Ausgaben, die sich der Kontrolle und Beurteilung durch die Außenwelt entziehen. Auf jeden Fall werden den Empfängern der in Frage stehenden Preise hiedurch erhebliche Einkommensausfälle bereitet, wodurch wieder deren eigene Kaufkraft und damit deren eigene Ausgaben herabgedrückt werden.

38. Die schwierigste Situation wird durch diese Entwicklung für diejenigen geschaffen, welche von dem Ertrage ihrer Arbeit leben. Durch den Rückgang des Produktionsvolumens werden auch Arbeitskräfte in Betrieben freigesetzt, bei denen keine Fehlleitung vorliegt, wo also bei Wiedererlangung des wirtschaftlichen Gleichgewichtes die Möglichkeit zur Durchführung der Produktion in dem früheren Ausmaße besteht. Dieser Zustand ist demnach nur ein vorübergehender, wird aber durch verschiedene Momente verkompliziert. Als erstes dieser ist zu bemerken, daß die Lohnarbeiter in der Regel keine Ersparnisse haben, sondern von dem Ertrage ihrer Arbeit (im wahrsten Sinne des Wortes von der Hand in den Mund) leben und daher die Besserung der Situation und die Wiederherstellung des normalen Produktionsvolumens nicht auswarten können. Mit Rücksicht darauf sind in den meisten europäischen Staaten soziale Vorkehrungen getroffen worden, durch welche diese ihres Einkommens beraubte Bevölkerungsschicht während der Zeit ihrer Arbeitslosigkeit über Wasser gehalten wird. Die zweite Komplikation liegt in folgendem: Wenn auf dem Lohnmarkt freier Wettbewerb herrschen würde, müßten die Arbeitslöhne durch den geschilderten Sachverhalt rasch so weit fallen, daß die Produktionskosten der Zwischen- und Fertigprodukte im Preise sehr rasch und energisch zurückgehen würden. Es ist anzunehmen, daß hiedurch der nationale Verbrauch so angeregt würde, daß ein Teil der Hemmungen, welche das Publikum in dieser Periode zur Verminderung seiner Einkäufe veranlassen, kompensiert würde. Außerhalb des inneren Marktes der industrialisierten Länder gibt es aber in den überseeischen Staaten und Kolonien sehr große Gebiete, in denen im wesentlichen nur Rohprodukte erzeugt werden, welche demnach immer für ihren Bedarf an Fertigwaren auf den Import angewiesen sind. Diese Produkte werden dort bezogen, wo sie am billigsten erhältlich sind und die Industrieländer, welche durch raschere Herabsetzung ihrer Arbeitslöhne einen Vorsprung in der Ermäßigung ihrer Produktionskosten erreichen,[1] können in der

[1] Auf der Abszisse sind die erzeugten Mengen einer bestimmten Produktion aufgetragen, auf der Ordinate die Preise. Die Angebots-(Kosten-) Kurve AA_1 schneidet die Nachfragekurve des inneren Marktes NN_1 im Punkte P, welcher einer erzeugten Menge OM_1 und einem Preis PM_1 entspricht. Bei einem bestimmten Preise P_1M_2 sind die Erzeugnisse auf dem Welt-

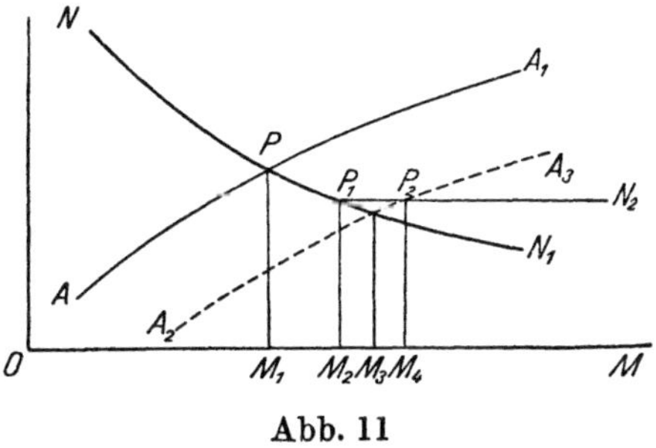

Abb. 11

Konkurrenz um diese Absatzgebiete Terrain gewinnen und auf diese Art eine Erleichterung der Krisenwirkung erzielen.[1]

Der größte Teil des Lohnmarktes, nämlich der organisierte, ist aber weit davon entfernt, der Preissenkung auf den übrigen Märkten vorauszueilen, wie sich eigentlich aus dem „Nicht-warten-Können" der Arbeiter ergeben müßte; er hat im Gegenteil, wie wir dargelegt haben, einen besonders starken Lag, so daß seine Starrheit eines jener Hindernisse bildet, welche die Wiederherstellung des Gleichgewichtszustandes verzögern.

---

markte konkurrenzfähig, welcher als unbeschränkt aufnahmsfähig gedacht und daher durch die Parallele zur Abszisse P_1N_2 ausgedrückt wird. Wird nun durch Reduktion der Produktionskosten, was in erster Linie durch Verminderung der Löhne möglich ist, die Kostenkurve auf A_2A_3 herabgesetzt, so schneidet sie den der Nachfrage auf dem Weltmarkte entsprechenden Ast P_1N_2 im Punkte P_2. Durch die Herabsetzung der Löhne wird daher nicht nur das zusätzliche Quantum M_1M_3 auf dem Inlandsmarkte, sondern auch die zusätzliche Menge M_2M_4 auf dem Weltmarkte abgesetzt werden können, so daß weitere Ausdehnung der Produktion und Einstellung von Arbeitern möglich ist.

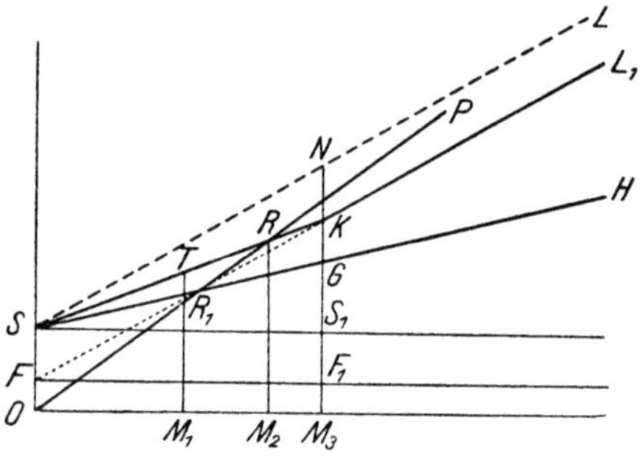

Abb. 12

[1] Die Arbeitslosenunterstützung stellt eine Belastung der gesamten Produktion einer Volkswirtschaft dar, welche sich am ehesten mit den festen Kosten eines Einzelunternehmens vergleichen ließe. Außerdem hat die Sozialproduktion noch wirkliche feste Kosten, welche in den Aufwendungen für die Erhaltung des Produktionskapitals bestehen.

In dem obigen Diagramm bezeichnet die Abszisse OM die Menge der Produktion, die Ordinatenabschnitte drücken Geldbeträge aus. Die Parallele zur Abszisse FF_1 bezeichnet die wirklichen festen Kosten, die Parallele SS_1 die Höhe der allen Anspruchsberechtigten zukommenden Arbeitslosenunterstützung, wenn die Produktion gleich Null wäre. Auf diese Grundkosten bauen sich zunächst diejenigen variablen Kosten anf, welche dem Umfange der Produktion proportional sind, insbesondere solche für Rohmaterialien und dergleichen. Diese werden durch die Gerade SH ausgedrückt. Die Arbeitslöhne müßten durch die Gerade SL bestimmt werden, wenn nicht jeder eingestellte Arbeiter eine Ersparnis an Arbeitslosenunterstützung bedeuten würde. Da diese Ersparnis gleichfalls dem Umfang der Produktion proportional ist, wird sie durch die Strecke SK ausgedrückt, welche unter der Geraden SL gelagert sein muß, da die bezahlten Löhne in der Regel höher sind als die Arbeitslosenunterstützung. Die Volkswirtschaft wird daher mit abnehmenden Kosten arbeiten, bis die Ersparnis durch Einstellung sämtlicher anspruchsberechtigten Arbeitslosen gleich ist der Unterstützung, die diese bis dahin empfangen haben. Dies wird beim Produktionsumfang OM_3 der

39. Ein dritter Grund für die Schrumpfung der Umsätze liegt in dem Fehlen jeglichen Unternehmungsgeistes während der Krise. Auch die aussichtsreichsten und meistversprechenden geschäftlichen Kombinationen finden keine entschlußfähigen Unternehmer und Kapitalisten; und da selbst in normalen Zeiten stets ein natürlicher Abfall von Unternehmungen stattfindet, welche durch Neugründungen ersetzt werden, darüber hinaus aber sonst trendmäßig eine ständige Vergrößerung des Produktionsvolumens erfolgt (bei einer langfristigen Betrachtung wird die jährliche Zunahme der Produktion auf vier Prozent geschätzt), bedeutet das gänzliche Ausbleiben jeder Investitionstätigkeit, besonders in der Produktionsmittelindustrie, einen weiteren relativen Rückgang der Wirtschaftsintensität.

Die mangelnde Unternehmungslust äußert sich aber nicht nur darin, daß keine neuen Produktionen begründet werden, sondern hat auch zur Folge, daß bestehende in geringerem Maße fortgesetzt oder ganz eingestellt werden. Es liegt außerhalb des Rahmens dieser Untersuchung, die Frage zu erörtern, ob die psychologischen Motive, das „mangelnde Vertrauen", eine Krisenursache primärer oder sekundärer Ordnung sind. Feststeht aber, daß dieses mangelnde Vertrauen während jeder Konjunkturkrise in ausgedehntestem Maße zu konstatieren ist und daß es auf den Krisenverlauf ausschlaggebenden Einfluß übt.

Auf dem Gütermarkte äußert sich diese die ganze Wirtschaft umfassende psychologische Einstellung in der Weise, daß die Nachfrage

---

Fall sein, da in diesem Falle $NK = S_1F_1$. Von da an werden die Kosten der Arbeitslöhne wieder proportional dem Produktionsumfang sein und daher in der Geraden $KL_1 // SL$ verlaufen.

Der Preis wird durch die Gerade OP ausgedrückt, wobei $\text{tg} \sphericalangle POM >$ $\text{tg} \sphericalangle L_1FF_1$ sein muß; denn der Durchschnitt der von den einzelnen Produzenten erzielten Preise muß höher sein als die von ihnen aufgewendeten Kosten.

Die den Preis bezeichnende Gerade OP wird die gebrochene Linie SKL_1 an einer bestimmten Stelle schneiden, welche dem Produktionsvolumen OM_2 entspricht; erst bei diesem Ausmaß der Produktion deckt der Preis die Kosten. Ist die Produktion kleiner, z. B. OM_1, so ergibt sich ein Verlust von TR_1; ist die Produktion größer als OM_2, so ergibt sich ein Gewinn. Es geht hieraus hervor, daß in einem Lande, in dem Arbeitslosenunterstützung gegeben wird, ein gewisses Produktionsvolumen erforderlich ist, damit die Produktion nicht mit Verlust arbeite, das heißt das vorhandene Kapital aufzehre. Je geringer die Arbeitslosenunterstützung ist, sei es infolge der geringen Höhe der dem einzelnen Unbeschäftigten bewilligten Leistung, sei es infolge der Begrenzung der Zahl der Anspruchsberechtigten, um so tiefer darf der Umfang der Produktion sinken, ohne daß Kapital aufgezehrt wird. Da in Wirtschaftskrisen aus den angegebenen Gründen eine weitgehende Verringerung des Produktionsvolumens die Regel ist, wird eine zu hohe Arbeitslosenunterstützung oder eine Ausdehnung auf zuviele Anspruchsberechtigte in der Regel Kapitalaufzehrung mit sich bringen.

nach *Zukunftsgütern* stark nachläßt und anderseits solche von den jeweiligen Besitzern in verstärktem Maße angeboten werden, was beides einen starken Preisdruck zur Folge hat. Der Ausdruck „Zukunftsgüter" muß hier in seinem weitesten Sinn verstanden werden. Er umfaßt daher nicht nur Güter in größerem oder geringerem Stadium der Konsumferne, darunter in besonderem Maße ausdauernde Genußgüter und Produktionsmittel, sondern auch Rechte und Forderungen, welche künftiges Einkommen zum Gegenstande haben, unter Einschluß von Wertpapieren aller Art, Versicherungsansprüchen und dergleichen. Gegenstand dieses Mißtrauens und daher niedrigerer Kapitalsbewertung unterworfen, sind also alle Güter und Leistungen, welche nicht unmittelbar und jederzeit in Geld umgesetzt werden können, bei denen mithin die Unsicherheit über die Zukunft breiten Raum einnimmt. Aber das Mißtrauen macht naturgemäß auch vor dem Geld nicht halt; es erstreckt sich auf alle Währungen, bei denen Zweifel an der Aufrechterhaltung ihrer Kaufkraft in Zukunft bestehen. Bei einer Generation, deren größter Teil die Währungswirren bei und nach Kriegsende mitgemacht hat, ist dies nur durchaus begreiflich. Nur solche Währungen, wie der französische Franc, die auf einem überdimensionierten Goldbesitz basieren, sind in dieser Krise bisher vom Zweifel wenig angekränkelt worden. Aber auch das Gold selbst ist dem Mißtrauen ausgesetzt; seitdem England den Goldstandard verlassen hat, wird der Propaganda einer Gruppe angesehener Theoretiker für Demonetisierung des Goldes und Einführung einer manipulierten Indexwährung erhöhte Beachtung beigemessen und die vielen Erklärungen von Regierungen und Notenbanken verschiedener Länder, am Gold als Währungsbasis festhalten zu wollen, bilden selbst einen Beweis dafür, daß die Frage zur Diskussion steht.

Es ist begreiflich, daß eine solche Einstellung der Menschen die Fortführung der Wirtschaft den schwersten Störungen unterwerfen muß. Die internationale und gesellschaftliche Arbeitsteilung sowie die Einschlagung weitausgreifender Produktionsumwege hatte zur Voraussetzung, daß der Produzent mit einem Absatz rechnen konnte, welcher in einem gewissen Rahmen hinsichtlich seiner Größe und der erzielbaren Preise kalkulierbar war. Ebenso war die Kreditverflechtung, die durch Vermittlung der Banken zwischen reicheren und ärmeren Ländern einerseits, Sparern und Produzenten anderseits herrschte, eine Bedingung für die Aufrechterhaltung des Produktions- und Verteilungsapparates in einigermaßen entsprechender Ausdehnung. Diese Kreditverflechtung wird natürlich durch das herrschende Mißtrauen in Zukunftsgüter, zukünftige Zahlungen und die Kaufkraft der zu zahlenden Geldsummen auf das schwerste erschüttert, da alle Gläubiger ihre Forderungen in Bargeld und dieses womöglich in Gold umzuwandeln wünschen. Das bedeutet für alle Produzenten eine systematische und allseitige Entziehung von Kapital, mit dem zu arbeiten sie gewohnt sind, und zwingt sie gegenüber den drängenden Forderungen der Gläubiger, ihre Betriebe einzuschränken oder einzustellen. War das Produktionsvolumen, das bei Ausbruch der Krise bestand, durch inflationistische Geldschöpfung der einen oder anderen Art über Gebühr ausgedehnt, so ist der Kontraktionsprozeß naturgemäß ein noch heftigerer und die Verringerung des Geschäftsumfanges noch abrupter.

Bei der Schilderung des Zustandes, in dem Gleichgewicht herrscht, wurde die Annahme gemacht, daß die Einkommensempfänger ihr ganzes Einkommen irgendwie zu Käufen auf den verschiedenen Märkten verwenden oder, falls sie dies nicht selbst tun, es der Wirtschaft in der Weise zur Verfügung stellen, daß sie es entweder direkt oder durch Bankenvermittlung Produzenten oder Konsumenten leihen, welche damit Käufe auf einem der Märkte vornehmen. Es mag nun wohl auch in normalen Zeiten vereinzelte Fälle geben, in denen Geld thesauriert wird; diese bilden aber so singuläre Ausnahmen, daß obige Annahme wohl im großen und ganzen mit der Wirklichkeit übereinstimmt. Anders ist es in Zeiten der Krise, in welchen das von uns geschilderte allgemeine Mißtrauen gegen Schuldner herrscht. Das Mißtrauen richtet sich bald gegen die Banken und Sparkassen und die Folge davon ist eine weitgehende Rückziehung von Geldern zu Thesaurierungszwecken, welche die Kapitaldotierung der Wirtschaft schmälern muß. Nicht mit Unrecht hat man in den Vereinigten Staaten die Form, welche die Finanzkrise um die Wende des Jahres 1931 annahm, als eine „Thesaurierungskrise" bezeichnet.[1] Durch die forcierte, mitunter zu Runs ausartende Zurückziehung von Guthaben sind die Banken gezwungen, ihren eigenen Schuldnern gegenüber mit drängenden Krediteinschränkungen oder -zurückziehungen vorzugehen, und wenn dies nicht ausreichend ist, ihre Schalter zu schließen, sofern ihnen nicht seitens der Notenbank durch inflationistische Kreditgewährung beigesprungen wird. Die von dieser so häufig gebrauchten Maßregel ausgehende Verschlechterung der Währung schafft neues Mißtrauen, und zwar berechtigtes, das dann wieder lähmend auf die Gesamtwirtschaft wirkt und deren weitere Schrumpfung zur Folge hat.

40. Keine Krisenverluste sind die Vermögenseinbußen, welche die Besitzer von Geld oder auf Geld lautenden Forderungen durch Währungsverfall erleiden. Es ist mehrfach und ausführlich darauf hingewiesen worden, daß das charakteristische Merkmal, ja das Wesen einer Konjunkturkrise in einer Erhöhung des Geldwertes besteht und daß daher die genannte Gruppe von Wirtschaftssubjekten zu jenen gehört, die nach der Regel durch die Krise zu gewinnen haben. Wenn demnach im

[1] Ende 1931 hatten 14 amerikanische Großbanken nicht weniger als $ 3.500,000.000 Depositen eingebüßt.

Verlaufe einer solchen einzelne Währungen verschlechtert werden, ist dies keineswegs eine direkte Folge der Wirtschaftskrise; wohl aber ist es eine Folge der unzulässigen und schädlichen Maßregeln, welche angewendet werden, um einzelnen oder Gruppen von durch die Krise betroffenen Wirtschaften zu helfen: mit einem Wort, die Währungsverschlechterung kann nur durch Inflation eintreten. Dies kann bewerkstelligt werden, um insolventen Banken die Rückzahlung ihrer Einlagen oder dem Staat einen unzulässigen Aufwand zu ermöglichen oder schließlich in der Weise, daß der Zinsfuß zu niedrig gehalten wird, wodurch die Liquidierung unrationeller Produktionen und Lagerhaltungen hintangehalten wird. In allen diesen Fällen ist die Verminderung der Kaufkraft des Geldes eine Folge der Inflationspolitik, welche die geldwertsteigernde Wirkung der Krise überkompensiert.

VIII. Konklusionen

41. Wir sind am Ende unserer theoretischen Ableitung angelangt und wollen nun noch ganz kurz andeuten, welche Folgerungen sich aus den erhaltenen Resultaten für die Wirtschaftspolitik ergeben. Wir haben die Krise als einen Ablauf aufgefaßt, der durch die vorhergegangene Hochkonjunktur zwangsmäßig hervorgerufen wurde und schließlich in einem Gleichgewichtszustande enden muß, in welchem, von dynamischen Unternehmergewinnen oder exogenen Einwirkungen abgesehen, die von den einzelnen Wirtschaftssubjekten empfangenen Preiszahlungen der Summe der von ihnen geleisteten ebenso wie die umgesetzten Gütermengen wieder gleich sein müssen. In der Zwischenzeit liegt eine Anzahl von Einkommens- und Kapitalsverschiebungen, welche in drei Hauptgruppen eingeteilt, auf die Ursachen ihrer Entstehung zurückverfolgt und auf ihre Wirkungen geprüft wurden. Unter Vermeidung aller Werturteile darüber, ob diese Verschiebungen gerecht und wünschenswert sind, sei im nachstehenden nur ganz kurz auseinandergesetzt, welche Wirkungen verschiedene zur Krisenbekämpfung in Diskussion stehende und auch wirklich versuchte Maßnahmen auf die Wiedererlangung des Gleichgewichtes ausüben.

Wenden wir uns zuerst den echten *Differentialrenten* zu, welche durch annähernd gleichzeitig durchgeführte Käufe und Verkäufe auf Märkten mit abweichendem Lag erfolgen. Jede Maßnahme, welche ergriffen wird, um den Einnahmensausfall, der auf dem Hauptmarkte einer Wirtschaftsgruppe durch die Preissenkungen entsteht, einzuschränken oder hinauszuschieben, bedeutet *für alle anderen Gruppen*, für welche dieser Markt ein Nebenmarkt ist, auf dem sie einkaufen, eine *Erhöhung ihrer Ausgaben.* Es werden also alle wirtschaftspolitischen Eingriffe, welche das Preisniveau eines Marktes in der Krise vor dem Verfall schützen sollen, wie

Schutzzölle, Einfuhrverbote oder Kontingente, Preistaxen, Abnahmezwang und dergleichen, zwar der Gesellschaftsklasse, um deren Hauptmarkt es sich handelt, eine Vergrößerung der Einnahmen bescheren, anderen Gesellschaftsklassen aber eine Vergrößerung der Ausgaben, und zwar in genau demselben geldlichen Ausmaße aufzwingen. Da die Aufrechterhaltung der Subvention, welche die Käufer auf diese Weise gezwungenermaßen den Verkäufern einräumen,[1] in ihrem Ausmaße und ihrer Zeitdauer durch die wirtschaftliche Tragkraft der Preiszahler begrenzt ist, muß es schließlich doch zu der Preissenkung kommen, welche dann in der Regel eine besonders heftige Erschütterung mit sich bringen wird; auf jeden Fall aber wird hiedurch die Erreichung des Gleichgewichtes verzögert.

Kapitalsverluste sind im Sinne der vorhergehenden Analyse der Ausdruck für die Verminderung oder den Wegfall von künftigem Einkommen. Wirklich vorhandenes Kapital, das nicht durch aufgeblähte Geldmenge vorgetäuscht ist, kann in der Wirtschaft auf *katallaktischem Wege* nicht verlorengehen, außer durch Fehlleitung, welche aber nicht der Krise zuzuschreiben ist; in der nüchternen und pessimistischen Atmosphäre, in der eine Krise abläuft, sind Fehlleitungen sogar seltener als sonst. Kapitalsverluste, die infolge der Preissenkung entstehen, wachsen stets anderen Wirtschaftssubjekten, nämlich den Besitzern von Geld und Forderungen, durch Vermehrung der zu ihrer Verfügung stehenden Kaufkraft zu. Jeder Versuch, solche Kapitalsverluste zu vermeiden, könnte nur darin bestehen, die Preise der mit den fraglichen Investitionen hergestellten Produkte und damit den künftigen Ertrag dieser Anlagen künstlich aufrechtzuerhalten (z. B. Aufrechterhaltung des Bodenwertes, d. h. der Grundrente durch interventionistische Stützung des Getreidepreises). Abgesehen von der Verfälschung, welche hiedurch in das ganze Wirtschaftsbild getragen wird, wird hiedurch Kapitalfehlleitung künstlich gezüchtet und die Liquidation von unrationellen Produktionen verhindert. Das wichtigste Gegenargument gegen diese Wirtschaftspolitik besteht aber darin, daß sich die Subventionierung doch immer nur auf gewisse Produktionen und Produzenten erstrecken kann, während alle anderen die Kosten zu tragen hätten. Da derartige Unterstützungsmaßnahmen infolgedessen nur partieller und vorübergehender Natur sein können, müssen sie schließlich ihr Ende finden (wie die Stützungsaktion des nordamerikanischen farmers' board) und tragen in der Zwischenzeit dazu bei, die Wiedererreichung des Gleichgewichtes hinauszuschieben.

Was schließlich die *Schrumpfung der Wirtschaft* während der Krise betrifft, sei von der Abstoßung jener zusätzlichen Umsätze abgesehen, welche nur eine Folge der Inflation und Hochkonjunktur sind und daher

---

[1] Vgl. MISES, Kritik des Interventionismus, Jena 1929, S. 9ff.

nicht als dauernd aufrechtzuerhalten, geschweige denn als wünschenswert zu betrachten sind. Ihr Wegfall bedeutet nur einen Gesundungsprozeß. Das zweifellos während jeder Krise zu beobachtende Absinken der geschäftlichen Tätigkeit unter das normale Maß ist eine vorübergehende Erscheinung, welche um so früher zu einer Erholung führen muß, je weniger Maßnahmen ergriffen werden, um die Erlangung des Gleichgewichtes zu verzögern. Dies gilt ganz besonders von dem Lohnmarkte; je länger Staat und Gewerkschaft die Arbeitslöhne in ungerechtfertigter Höhe halten und je mehr eine starre soziale Gesetzgebung den Abbau dieser Löhne verhindert, um so später wird sich bei all denen, welche Löhne in unveränderter Höhe weiterzuzahlen haben, während sie für ihre Produkte nur mehr einen reduzierten Preis erhalten, das Gleichgewicht wieder einstellen können. Wo die Einnahmen nicht mehr ausreichen, um die durch Starrheit der Lohnkomponente inflexibel gewordenen Kosten zu decken, muß die Produktion reduziert oder eingestellt werden und neue Arbeitslosigkeit ist die Folge. Diese Entwicklung wird noch dadurch gefördert, daß die sozialen Lasten in den meisten Fällen nach den *bezahlten* Löhnen bemessen werden, so daß durch die Einstellung der Produktion nicht nur der überhöhte Lohn eingespart wird, sondern auch die Abgaben. Läßt man der Preisbildung wenigstens einigermaßen ihren natürlichen Lauf, so wird sich das Gleichgewicht in der kürzest möglichen Frist einstellen, während jeder Versuch, einzelnen Berufsständen oder Klassen die Einkommensausfälle zu ersparen, den Wiedereintritt des Gleichgewichtes in größere Ferne rückt.

Ein solcher Eingriff ist auch die Hebung der Preise durch inflationistische Schaffung von neuen Umlaufsmitteln; in Deutschland hat WAGEMANN[1] ein solches Projekt als die erlösende Tat mit großer Emphase vorgeschlagen, in den Vereinigten Staaten will man viele Milliarden Dollar neu drucken lassen und macht den Versuch, sie in den Verkehr zu pressen. Es wurde bereits auseinandergesetzt, daß inflationistisch geschaffene Geldmengen immer nur bestimmten Kategorien von Wirtschaftern zur Verfügung gestellt werden können und daher immer zunächst nur auf einer beschränkten Anzahl von bestimmten Märkten ihre preissteigernde Wirkung ausüben können. Es ist klar, daß hierdurch eine neuerliche Störung des Gleichgewichtes erfolgt und dessen allgemeine Wiedererlangung neuerlich verzögert wird. Die Einwendungen währungstheoretischen und allgemein konjunktur-theoretischen Inhaltes gegen solche Maßregeln liegen außerhalb des Rahmens dieser Untersuchung.

Vielfach wird der Vorschlag, die Wirtschaft durch Kreditausweitung anzukurbeln, in der Weise motiviert, daß es sich nicht um eine Inflation, sondern um eine bescheidene Richtigstellung der zu weit getriebenen

---

[1] Geld- und Kreditreform, Berlin 1932.

Deflation handle. Hiefür wurde in jüngster Zeit der Terminus „Reflation" geschaffen. Der Gedankengang hierbei ist der, daß infolge weitgehender Thesaurierung das der Produktion zur Verfügung stehende Kapital unter jenes Ausmaß gesunken ist, welches nach dem tatsächlich vorhandenen Gütervorrat (in vorgetaner Arbeit, d. h. in echten Ersparnissen) gerechtfertigt wäre. Es scheint sehr schwierig, festzustellen, wann ein solcher Zustand tatsächlich vorliegt; gefühlsmäßige Vergleiche gegenüber dem Kreditvolumen zur Zeit der Hochkonjunktur sind jedenfalls hiezu nicht ausreichend. Noch schwerer wird es sein, später die Entscheidung darüber zu treffen, ob und inwieweit die der Wirtschaft vorenthaltenen Ersparnisse in diese rückgeströmt sind und die zusätzlichen Umlaufsmittel zurückgezogen werden müssen, wenn sie nicht inflatorisch wirken sollen.

Außer den Bedenken, welche sich gegen die Zulässigkeit der Kreditausweitung richten, und jenen, welche die Schaffung neuer Differentialrenten zum Gegenstand haben, ist aber auch noch die Frage zu berücksichtigen, ob die Durchführbarkeit einer solchen Maßnahme, und besonders in Krisenzeiten, sehr leicht ist. Herabsetzung des Zinsfußes oder large Krediteinräumung können nur die Angebotskurve des Leihkapitals senken, lassen aber die Nachfragekurve unberührt. Wenn diese kontinuierlich verläuft, wird der Gleichgewichtspunkt, der durch den Schnitt der beiden Kurven gegeben ist, eine vergrößerte Inanspruchnahme von Krediten verbürgen. Wenn aber die Nachfragekurve nicht kontinuierlich verläuft, sondern treppenförmig, d. h. wenn ihre Elastizität in dem in Frage kommenden Abschnitt gering oder gleich Null ist, kann auch eine erhebliche Senkung der Angebotskurve die Inanspruchnahme von Kredit unverändert lassen, wie dies in obiger Abbildung ersichtlich gemacht ist.

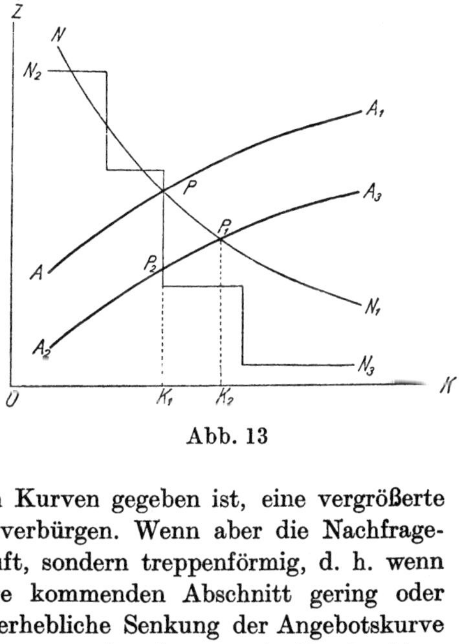

Abb. 13

Eine Senkung der Angebotskurve AA_1 auf A_2A_3 wird bei einem kontinuierlichen Verlauf der Nachfragekurve NN_1 tatsächlich eine Mehrinanspruchnahme von Krediten im Ausmaße von K_1K_2 zur Folge haben. Verläuft aber die Nachfragekurve treppenförmig, wie die gebrochene Kurve N_2N_3, so wird auch die Angebotskurve A_2A_3 nur die unveränderte Inanspruchnahme von Krediten im Ausmaße von OK_1 auslösen.

Wie verläuft nun die Nachfragekurve im allgemeinen und wie im besonderen in Zeiten der Krise? Nach Ansicht vieler Autoren verläuft die Nachfragekurve immer kontinuierlich. CASSEL zum Beispiel behauptet: „Schon ein kleines Sinken des Zinsfußes genügt meistens, um Möglichkeiten zu lohnender Verwendung dauerhafter Güter in solchem Umfang freizustellen, daß die daraus erwachsenden Ansprüche auf Kapitalsdisposition das Angebot vollständig erschöpfen....“ (Theoretische Sozialökonomie, 4. Aufl., Leipzig 1927, S. 203).[1] Es ist klar, daß eine Kreditausweitung bei unverändertem Zinsfuß genau dieselbe Wirkung hat wie eine Zinsfußherabsetzung, da dem Unternehmer nunmehr Kredite zum bisherigen Zinsfuß zur Verfügung stehen, welche er ohne die Kreditausweitung nur durch Überbietung anderer Kreditnehmer, also zu einem höheren Zinsfuß hätte erhalten können.

CASSELS Darstellung mag in normalen Zeiten im wesentlichen richtig sein, in einer schweren Wirtschaftskrise jedoch, in der die Unternehmungslust so gut wie vollständig erloschen ist, kann man nicht beobachten, daß schon bei geringfügigen Kreditausweitungen neue Produktionen eingeleitet oder die Umwege bereits bestehender ausgedehnt werden. Dies ist durchaus begreiflich, weil in solchen Perioden die Unsicherheit über die Möglichkeit des Absatzes überhaupt und die erzielbaren Preise eine solche ist, daß der Unternehmer das vergrößerte Risiko auch durch erhebliche Zinsermäßigungen nicht als absorbiert sieht. Im Gegenteil, die Gefahr, welche im mangelnden Absatz des Produktes oder in dessen unbefriedigendem Preise erblickt wird, wird zu den Kosten in einer solchen Höhe zugeschlagen, daß selbst eine weitgehende Zinsfußverbilligung als quantité négligeable betrachtet wird. Die Nachfragekurve wird daher tatsächlich treppenförmig verlaufen, und zwar mit sehr schmalen und sehr

[1] Zwiespältiger drückt sich WICKSELL aus (a. a. O. S. 81): „Zwar gibt es Geschäfte, für welche eine Zinserhöhung oder -erniedrigung fast ohne Belang ist, indem sowohl eine Erweiterung sowie eine Einschränkung ihres Umfanges aus technischen Gründen ausgeschlossen ist; allein es gibt viele andere, für welche eine solche Eventualität eben das allein Entscheidende ist. Diese Unternehmung ist schon vollständig vorbereitet; für jene ist eine Erweiterung längst geplant und man harrt nur des günstigen Augenblicks, um sie ins Werk zu setzen; in einer dritten geht das Geschäft schlecht, so daß die Frage erörtert wird, ob es noch länger betrieben oder jetzt schon aufgelöst werden soll. Es kann hier eine Krediterleichterung oder Erschwerung der Tropfen werden, welcher das Gefäß zum Überfließen bringt und die schon geplante Tätigkeit ins Werk treten oder von ihr absehen läßt. Heutzutage, wo fast jede Unternehmung in der einen oder anderen Form mit dargeliehenem Kapital arbeitet, kann es doch unmöglich *ohne* jede Folge sein, ob man sich seinen Kreditbedarf zu drei oder vier oder nur zu sechs oder acht Prozent beschaffen kann.“ WICKSELL schwächt aber sofort seine These folgendermaßen ab: „Durch jede Krediterleichterung wird somit die *Tendenz* zur Erweiterung der Produktion (oder allgemeiner der Geschäfte) geweckt. Damit ist jedoch keineswegs gesagt, daß auch eine *wirkliche* Produktionsvermehrung zustande komme.“

hohen Absätzen, wie die vorhergehende Abbildung zeigt. Nur eine ganz radikale Herabsetzung des Zinsfußes wird vielleicht eine sehr bescheidene Vergrößerung der Nachfrage mit sich bringen, geringere Zinsfußermäßigungen werden überhaupt keine vergrößerte Inanspruchnahme von Leihkapital zur Folge haben, da der Schnittpunkt P_2 der herabgesetzten Angebotskurve in denselben vertikalen Abschnitt der Nachfragekurve fällt, der schon von der ursprünglichen Angebotskurve in P geschnitten wurde. Hiebei wird die Nachfragekurve mitunter gerade für solche Produktionen, von deren Ankurbelung eine Steigerung der Warenpreise und eine erhöhte Nachfrage nach Arbeitskräften erwartet wird, überhaupt vertikal verlaufen. In solchen Fällen wird trotz Verbilligung des Zinsfußes und leichteren Kreditangebots keine Vergrößerung des Kreditvolumens und keine verstärkte Nachfrage nach Produktivkräften eintreten.

42. Einer der beliebtesten, aber von vornherein à la longue zur Wirkungslosigkeit verurteilten Versuche zur Beseitigung der Folgen einer stattgehabten Inflation ist die Zwangsbewirtschaftung der Devisen und des Zahlungsverkehres mit dem Ausland. Der Inhalt dieses Komplexes von Eingriffen in die freie Wirtschaft, welche seit dem Weltkrieg bei Eintritt wirtschaftlicher Störungen in so vielen Ländern von den Machthabern mit unbegreiflicher Halsstarrigkeit immer wieder ins Leben gerufen und dann in den verschiedensten Varianten gehandhabt werden, ist im wesentlichen ein doppelter: Es sind erstens Eingriffe in das Privateigentum; den inländischen Besitzern von ausländischen Zahlungsmitteln und Wertpapieren wird verboten, darüber zu verfügen, die ausländischen Besitzer von Forderungen werden in deren Einziehung und Transferierung verhindert. Die brutalste Maßregel auf diesem Gebiete ist die Expropriation, der Ablieferungszwang für Zahlungsmittel und ausländische Effekten, in der Regel zu einem Preise, der sich unter dem wirklichen Verkehrswerte bewegt. Dies führt zur zweiten Hauptgruppe der Zwangsmaßregeln, der Festsetzung von Preistaxen für Devisen, welche namhaft unter dem Gleichgewichtspreise liegen, der sich aus Angebot und Nachfrage ergeben würde. Hand in Hand damit geht die Rationierung der Devisenzuteilung, welche den Kauf von ausländischen Zahlungsmitteln nur auf Grund eines besonderen Privilegs gestattet. Wenn man von allen anderen Nachteilen und Ungerechtigkeiten dieses Systems absieht, ist es vor allem klar, daß hiedurch auf alle Exporte ein Ausfuhrstrafzoll in der Höhe der Differenz zwischen dem Gleichgewichtspreise und dem Zwangskurse gelegt wird, während alle Importe, für welche Valuta zugeteilt wird, eine Subvention in gleicher prozentualer Höhe erhalten. Es wird also genau das Gegenteil von dem erzielt, was angesichts der valutarischen Lage anzustreben wäre und in einer möglichst großen Förderung des Exportes bei gleichzeitiger Einschränkung des Importes, so weit dies

handelspolitisch möglich ist, bestehen sollte. Dadurch werden für alle Exportindustrien, deren Hauptmarkt im Auslande liegt, negative Differentialrenten und für alle Importeure, welche Valuta „zugeteilt" erhalten, positive Differentialrenten geschaffen, was eine neuerliche Störung des Gleichgewichtes der Preise auf den verschiedenen Märkten verursacht. Durch die Einschränkung der Absatzmöglichkeit im Auslande wird nicht nur das Quantum der der Wirtschaft zur Verfügung stehenden ausländischen Zahlungsmittel eingeschränkt, sondern die Exporteure werden auch genötigt, das Volumen ihrer Einkäufe auf ihren Nebenmärkten zu reduzieren, vor allem auf dem Arbeitsmarkte. Der Zwang, die aus dem Exporte eingenommenen Devisen zu einem Kurse abzuliefern, welcher sich unter dem durch die gesamte Preiskonstellation bedingten Gleichgewichtskurse bewegt, ruft daher neue Arbeitslosigkeit hervor.

Wie lange kann nun ein solcher Zustand dauern? Offenbar nur so lange, bis die vorhandenen Währungsreserven aufgezehrt sind. Dies muß schon infolge des Tatbestandes, der zu einem inneren Disagio der heimischen Währung geführt hat, in absehbarer Zeit geschehen, wenn nicht die Ursachen, durch welche dieses Disagio hervorgerufen wurde, beseitigt werden, das heißt der Wirtschaft durch geringeren Konsum und größere Produktivität neues Kapital zugeführt wird. Wenn nun durch die Unterbindung des Exportes und durch die zusätzliche Arbeitslosigkeit an Stelle neuer Kapitalsbildung zusätzliche Kapitalsaufzehrung begründet wird, muß dieser Prozeß zu einem noch schnelleren Ende gelangen. Wenn die Zwangsbewirtschaftung des Zahlungsverkehres mit dem Auslande nicht rechtzeitig aufgehoben wird, das heißt solange der angerichtete Schaden nicht zu groß ist, muß sie mit einem vollständigen Zusammenbruche der Währung enden.

Namenverzeichnis

Manzsche Buchdruckerei, Wien IX

Ökonomischer Fortschritt und ökonomische Krisen. Von Dr. phil. **Johan Åkerman,** Stockholm. Mit 10 Abb. IV, 138 Seiten. 1932. RM 5,60

Während hauptsächlich von Amerika ausgehend, die Erforschung der Konjunkturen in der Wissenschaft schon in den letzten beiden Dezennien große Fortschritte gemacht hatte, ist durch die gegenwärtige Weltwirtschaftskrise auch das Interesse breiterer Kreise an den Zusammenhängen von technischem Fortschritt wirtschaftlicher Blüte, Krise, Depression, gewachsen. Der Verfasser des vorliegenden Werkes versteht es in glücklicher Weise, die schwierigen Fragen, die sich in diesem Zusammenhang aufdrängen, einleuchtend und in klarer, leichtverständlicher Weise darzustellen und zu beantworten. Es gibt in der gesamten Literatur über Konjunktur und Krisen in keiner Sprache irgendein Werk, das auch nur annähernd so geeignet wäre wie das vorliegende, in einfacher Weise einen Überblick über den Gesamtbereich der Probleme zu geben. Trotz seiner Kürze ist die Behandlung des Gegenstandes erschöpfend.

Einkommensbildung. Allgemeine Prinzipien, Lohn, Zins, Grundrente, Unternehmergewinn, Spezialprobleme. (Wirtschaftstheorie der Gegenwart, Bd. III.) Bearbeitet von **A. Amonn**-Prag, **L. V. Birck**-Kopenhagen, **J. Bonar**-London, **Th. N. Carver**-Cambridge (U. S. A.), **J. B. Clark**-New York, **J. R. Commons**-Wisconsin, **R. T. Ely**-Chicago, **J. Fisher**-New Haven, **Ch. Gide**-Paris, **H. Herkner**-Berlin, **W. J. King**-New York, **C. Landauer**-Berlin, **D. H. Mac Gregor**-Oxford, **H. Oswalt**-Frankfurt a. M., **A. C. Pigou**-Cambridge, **U. Ricci**-Rom, **A. Salz**-Heidelberg, **C. Supino**-Pavia, **G. del Vecchio** Bologna, **A. Weber**-München, **F. X. Weiss**-Prag, **K. Wicksell †**-Lund. IV, 341 Seiten. 1928. RM 26,—; gebunden RM 27,50

Konjunkturen und Krisen. Internationaler Verkehr. Hauptprobleme der Finanzwissenschaft. Ökonomische Theorie des Sozialismus. (Wirtschaftstheorie der Gegenwart, Bd. IV.) Bearbeitet von **E. Allix**-Paris, **A. Cabiati**-Turin, **E. Cannan**-Oxford, **K. Th. von Eheberg**-Erlangen, **L. Einaudi**-Turin, **M. Fanno**-Padua, **L. V. Furlan**-Basel, **W. Gerloff**-Frankfurt a. M., **J. Gruntzel**-Wien, **D. N. Ivantzoff**-Moskau, **A. Labriola**-Neapel, **E. Laskine** Paris, **E. Lederer**-Heidelberg, **J. Lescure**-Paris, **E. Lindahl**-Upsala, **F. Oppenheimer**-Frankfurt a. M., **R. Schüller**-Wien, **E. R. A. Seligman**-New York, **C. Snyder**-New York, **R. Strigl**-Wien, **J. Viner** Chicago. V, 375 Seiten. 1928. RM 32,—; gebunden RM 33,50

Ludwig Pohle, Kapitalismus und Sozialismus. Vierte, völlig neugestaltete und wesentlich erweiterte Auflage. Aus dem Nachlaß herausgegeben, bearbeitet und ergänzt von Dr. **Georg Halm,** Professor an der Universität Würzburg. IX, 316 Seiten. 1931. RM 6,60; gebunden RM 7,80

...L. Pohle hat noch vor seinem Tode den Grundriß zu der vierten Auflage entworfen und auf Grund der Ergebnisse der neueren Forschung seine Darstellung zu einer zusammenfassenden Auseinandersetzung mit dem nationalökonomischen Gedankengehalt der sozialistischen Theorien im allgemeinen ausgestaltet. Georg Halm hat das nachgelassene Manuskript dann weiter bearbeitet, zum Teil gekürzt und ergänzt und einzelne Abschnitte, wie die über die sozialistische Wirtschaftsrechnung, das russische Experiment und das wirtschaftsdemokratische Programm aus eigener Feder eingefügt... Man darf die Neuauflage begrüßen, denn es ist in der Tat eine großzügige und neuzeitliche Auseinandersetzung zwischen Kapitalismus und Sozialismus entstanden, die in gewissem Sinne eine Ergänzung zu der Theoretischen Sozialökonomie von Professor Gustav Cassel darstellt. Mit Recht sagt Pohle..., daß jede Generation die Aufgabe hat, die in Rede stehenden Probleme von neuem zu durchdenken... Mit großem Interesse liest man die leichtverständlichen Darlegungen über die Grundlagen der individualistischen Wirtschaftsordnung und die sozialistische Kritik an dieser Ordnung. Eingehend beschäftigt sich Pohle mit den Hauptrichtungen der sozialistischen Kritik, dem Ausbeutungs-, dem Verelendungsgedanken und dem Vorwurf der wirtschaftlichen Rückständigkeit des Kapitalismus. Er hat viel Neues und Wertvolles hierzu zu sagen... Von grundlegender Bedeutung erscheinen uns endlich die Darlegungen über die Hauptrichtungen und Systeme der sozialistischen Gesellschaftsreform. („Der Arbeitgeber“)

GPSR Compliance

The European Union's (EU) General Product Safety Regulation (GPSR) is a set of rules that requires consumer products to be safe and our obligations to ensure this.

If you have any concerns about our products, you can contact us on ProductSafety@springernature.com

In case Publisher is established outside the EU, the EU authorized representative is:

Springer Nature Customer Service Center GmbH
Europaplatz 3
69115 Heidelberg, Germany

Batch number: 10815974

Printed by Printforce, the Netherlands